그림책과 작가 이야기 2

일러두기
* 본문에 언급된 도서와 참고한 사이트는 이 책 맨 뒤 〈작가별 도서와 참고 사이트〉에 정리되어 있습니다.
* 본문에 직접 인용된 글은 글마다 번호를 달아 〈미주 목록〉에 출처를 밝혔습니다.
* 이 책에 실린 글은 2003년부터 2011년까지의 원고를 모은 것입니다. 각 작가와 책에 대해 인터넷에서 도움을 받기도 했는데, 글을 쓸 당시에는 있던 사이트가 현재는 없어진 경우도 많습니다. 〈미주 목록〉에 사이트 주소를 적어 도움을 받거나 직접 인용했다는 것을 밝히되 현재에는 없어졌음을 함께 알렸습니다.
* 간접 인용된 부분은 하나하나 따로 밝히지 않았습니다. 〈미주 목록〉과 〈작가별 도서와 참고 사이트〉에 정리된 책과 사이트의 도움을 받았습니다.
* 명화 제목은 화가의 원 국적 언어에 맞추고자 했습니다.
* 이 책에 수록된 그림은 저작권자의 허가를 받기 위해 노력했습니다. 저작권자를 찾지 못한 그림은 저작권자를 찾는 대로 허가를 받도록 노력하겠습니다.

그림책과 작가 이야기 2

서남희 지음

열린어린이

작가의 말

누군가의 아이로 살던 시절,
저희 집에는 그림이 하나 걸려 있었습니다.
커다란 물고기와 그 물고기의 뱃속에서
아주 작은 배를 타고 낚싯줄을 드리우고 있는 사람을 그린 것이었지요.
단순한 검은 선으로만 이루어진 그 그림을 보며 늘 감탄했던 것은
물고기 뱃속이 허공이 되고 가느다란 선 하나가 강물이 되는 게 신비로웠고,
그 배에 탄 낚시꾼이 제 아버지였기에
더욱 감정이입이 되었기 때문입니다.
주말 새벽이면 아버지는 늘 등덩산만 한 낚시도구를 이고지고 사라졌고
그림을 그린 정준용 화백은 아버지의 절친한 낚시 친구였거든요.

물고기 뱃속에 들어가 낚싯대를 드리운 강태공은
사실 여러 가지 이유로 제겐 한가롭기보다는 처연해 보였는데
이야기를 담은 그 그림을 보며 저는
그림에 그대로 스며들어 가는 느낌을 받곤 했습니다.

누군가의 엄마로 자라면서는
많은 이야기가 담긴 그림책들을 보며
즐거워하고 슬퍼하고 기뻐하고 진지해지고 감탄하고 고요해지곤 했지요.
한때 저와 함께 그림책을 즐겨 보던,
그러나 이제는 커 버려서 그림책을 피아노 악보 누르개로 쓰는 아이는
제가 멋진 그림책이라며 내밀면 흥미 없다는 듯이 말합니다.
"어쩜 그렇게 아직도 유치해?"

"나중에 너도 결혼해서 아이 낳고 키워 봐라.
그때부터 그림책을 보면 그 말이 쏙 들어갈 걸?"
저는 앙앙불락하면서 혼자 다시 그림책의 세계로 빠져들고,
그렇게 젖어 들었던 그림책과 그림책 작가에 대해 쓴 지난 3년간의 글을 모아
또 다시 책으로 내게 되었습니다.

그림책 작가들의 마음속 깊숙이 들어앉은,

미묘하게 다른 결을 품은 수많은 자아들은

꿈결 같이 환상적인 그림책,

인간의 잔인함을 보이는 그림책,

다사로운 사랑을 나누는 그림책,

정체성을 찾아 고민하는 그림책,

콩 튀듯, 팥 튀듯 재기발랄한 그림책,

뫼비우스의 띠 같이 신비로운 그림책,

밝고 경쾌하고 파릇파릇한 그림책,

묵중한 철학적 주제를 풀어 놓은 그림책 들을

세상에 피어나게 하는 씨앗의 역할을 합니다.

그 씨앗들을 피어나게 한 원동력은 호기심과 끈기일 테고요.

그들이 호기심과 끈기로 그린, 이야기가 담긴 그림책들을

한 권 한 권 찾아보시면서

즐거움을 누리시길 빕니다.

이메일 인터뷰에 응하고, 사진도 쓰게 해준 크리스티앙 볼츠, 엘레나 오드리오솔라,

그림과 글을 넣게 해준 기 빌루, 박영신, 또 일일이 밝히지 못한 많은 분들,

도움 또는 구박을 아끼지 않는 이주현,

외국어의 벽에 부딪힐 때 늘 손 내밀어 주는 은에스더, 이주경,

잔잔하게 힘이 되어 주는 이영범, 맹한경, 이지원,

가끔 꽃 화분을 건네는 조원경 편집장(그러나 꽃들을 저 세상으로 보내 죄송!)

꼼꼼 대마왕 편집자와 디자이너인 편은정, 윤나래, 허민정,

그대들에게 무한 감사를.

2013년 5월 서남희

차례

작가의 말 4

1 콩알을 튀길까, 팥알을 튀길까

배빗 콜	말을 갖고 싶었던 피터 팬, 그림책을 만들다 12
대브 필키	복도에서 싹 틔운 그림쟁이의 길 26
팻 허친즈	밝고 경쾌한 노란색의 작가 38

2 현실을 넘어 환상의 세계로

기 빌루	달이 차오른다, 가자! 54
비네테 슈뢰더	꿈결 같은 환상의 세계 68
크리스 반 알스버그	뫼비우스의 띠를 그려라 82
앤 조나스	시각 놀이로 상상의 날개를 펼쳐봐 94

3 나의 세상, 우리의 세상

볼프 에를부르흐　　　똥 그림에서 철학적 주제까지　106
베아트리체 알레마냐　　무질서와 변화의 즐거움　124
찰스 키핑　　　　　　　우리를 둘러싼 세상　140
제럴드 맥더멋　　　　　그대 안에 우주가 깃들어 있나니　154

앤서니 브라운과의 색다른 인터뷰　170
미주 목록　182
작가별 도서와 참고 사이트　185

1

콩알을 튈길까
팥알을 튈길까

배빗 콜 대브 필키 팻 허친즈
배경 그림ⓒ대브 필키

Babette Cole

말을 갖고 싶었던 피터 팬,
그림책을 만들다

배빗 콜

1947년 영국 저지 섬에서 태어났습니다. 광고 회사에서 일하다가 캔터베리 대학에 들어가 회화를 전공했습니다. 졸업 후에는 텔레비전 방송국에서 일하다가 그림책 작가가 되었습니다. 재치 있고 익살스러운 그림책을 내놓아 세계적으로 큰 인기를 얻었습니다. 지은 책으로는 『내 멋대로 공주』『이상한 곳에 털이 났어요』『따로따로 행복하게』『엄마가 알을 낳았대』 등이 있습니다. 현재 켄트 주에 있는 오래된 농장에서 닭과 양, 말, 개, 고양이들과 함께 살고 있습니다.

아버지는 엄청난 유머 감각을 가진 화가, 엄마는 굉장한 거짓말쟁이, 고조부는 해적, 선조들 중에는 말 도둑도 있으며, 금발 머리에 푸른 눈, 별자리는 예술적 성향이 풍부하다는 처녀자리, 자그마하고 통통한 몸에서 삶에 대한 열정과 호기심이 햇살처럼 쨍쨍하게 발산되고, 엉뚱함과 재치가 펑펑 솟아나며 『엄마가 알을 낳았대! *Mummy Laid an Egg*』『내 멋대로 공주 *Princess Smartypants*』등 참 재미있는 책들을 만든 작가는?

바로 배빗 콜입니다. 그녀는 1950년에 영국의 작은 섬, 저지에서 태어났어요. 어렸을 때부터 그림 재주가 남달랐는데, 덕분에 수도원에서 운영하는 학교에 다니면서 그림 일을 도맡았대요. 학교에서는 아예 다른 건 접고 그림만 그리게 해서, 이 꼬마는 수도원 미술팀이나 다름없이 종교화를 열심히 수정해 주곤 했다네요.

그런데 이 꼬마는 화가보다는 수의사가 되고 싶었답니다. 일곱 살 때 조랑말을 선물 받은 뒤부터 지극정성으로 말을 돌보며 싹튼 꿈이었지요. 하지만 공부를 하다 보니, 그만 자기가 과학에 그다지 재능이 없다는 것을 깨달은 거예요. 그래서 이 꼬마는 대신 멋진 종마장 주인이 되겠다는 원대한 꿈을 품지요. 그런데 말 한 마리에 얼마죠? 게다가 종마라면 비싼 것 아닌가요? 종마장을 가지려면 어마어마한 돈이 있어야 하잖아요? 그래서 배빗은 일단 삽화 그리는 일부터 시작해서 차근차근 돈을 모으기로 마음먹어요. 처음에 미대에 똑 떨어지고 광고 일을 했는데, 그녀는 그 일이 썩 즐겁지는 않았어요.

그래도 그 경험을 바탕으로 다시 미대에 도전, 합격해서 그래픽과 판화를 공부해요. 기대는 산만큼 하고 갔지만 대학생활은 광고 일과 다를 바 없이 별 즐거움이 없었으니, 하도 독특하다 못해 기이한 이 처자의 스타일에 선생님들과 동료 학생들이 보내는 마땅찮은 눈초리 때문이었어요. 그녀가 고무장화를 신고 다니는 것도 백안시하고, 그래픽에 레트라셋(인쇄용 사식문자)을 넣지 않는 것에도 마뜩찮은 눈총을 주니, 그 시절 자기는 늘 학교를 뛰쳐나오고 싶었다고 합니다. 그런 것도 나중에 뒤돌아보면 마음이 누그러지는 법. 그녀는 그때 좌절하고 슬퍼했지만, 전반적으로는 그때의 경험에서 많은 것을 얻었다고 회상합니다. 그래도 1973년에 우등상을 받고 졸업했다는군요.

배빗이 사회에 나와 얻은 첫 일거리는 BBC 어린이 만화 시리즈를 만드는 일이었지요. 그리고 카드와 책에 삽화를 그리면서 먹고 살다가, *Promise Solves the Problem*(약속은 문제를 해결해요)라는 첫 책으로 호평을 받게 되지요. 그 후 그녀는 어느 사회인류학자와 알게 되어 아프리카에 가서 아홉 달 동안 살게 되었어요. 물을 구하려면 우물을 파야 하고, 구하면 당연히 끓여 먹어야 하고 동물들은 굶주린 나머지 축축 늘어져 있는 곳이었지요. 그녀는 그곳에 사는 동안 들었던 신화를 바탕으로 하여 캐릭터 '눈구'를 만들어 냅니다.

나중에 그녀는 *Nungu and the Hippo*(눈구와 하마) 등 눈구를 주인공으로 한 책을 세 권 냈습니다. 눈구책은 아프리카 풍경을 사실적으로 담은 매력적인 이야기라는 평을 듣고 1980년에는 미국아동학협회에서 '올해의 어린이책'으로 뽑힙니다. 이후, 그녀는 승승장구하며 이제까지 70여 권 넘게 책을 썼지요. 가장 유명한 『엄마가 알을 낳았대!』는 백만부 이상 팔리며 72개 국 언어로 번역되었어요. 그 알이 황금알인 덕분에 배빗은 이제 어릴 때의 꿈인 종마장 주인이 되어, 영국에 마련한 종마장에서 말을 돌보게 됩니다. 옆안 장타기에도 능숙해서 그 부문 영국 챔피언 전에 삼 년 연달아 나갔을 정도지요. 동물들에 대한 사랑은 그녀의 책에도 녹아들어, 동물이 등장하지 않는 책이 거의 없을 정도랍니다.

배빗의 책은 크게 세 갈래로 분류될 수 있습니다.

1. 성교육, 죽음, 이혼에 관한 책:『엄마가 알을 낳았대!』『이상한 곳에 털이 났어요!』『벌거벗은 꼬꼬닭의 비밀』『따로 따로 행복하게』
2. 현대판 동화:『내 멋대로 공주』『신데 왕자』

『엄마가 알을 낳았대!』, 보림, 1996

3. 위생과 가정생활에 관한 책: 『멍멍 의사 선생님』 『바른 생활 그림책』 『우리 엄마는 못 말리는 마법사』 『우리 아빠는 우당탕탕 발명가』

배빗의 책이 나오기 전까지 성교육이나 이혼은 그림책에서 암묵적으로 금기시되던 주제였다고 해요. 그러나 그녀는 엄숙하고 진지하게 여겨졌던 그 주제를 별나고 엉뚱하게 풀어 나가면서도 할 말을 가뿐하게 척척 다 해 버렸어요.

『엄마가 알을 낳았대!』는 엄마 아빠가 마음을 다부지게 먹고 자녀들에게 성교육을 시키려는 장면에서 시작합니다. 엄마 아빠에 따르면, "여자 아기는 설탕에, 양념에, 온갖 향기로운 것들을 넣어서" 만들고, "남자 아기는 달팽이와 강아지 꼬리를 섞어서" 만들지요. 공룡이 아기를 갖다 주기도 하고 화분에 씨앗을 심고 물을 주면 아기가 자라기도 하며, 튜브에서 아기를 짜내기도 해요. 엄마가 소파에 알을 낳으니까 그 알이 터지며 아이들이 나왔다고 말해 줍니다.

하지만 아이들은 하하 웃으며 자신들이 아는 것을 그림까지 그려 가며 부모에게 제대로 가르쳐 주지요. 아빠의 씨앗주머니에서 튜브를 타고 나온 씨앗이 엄마 몸의 구멍으로 들어가는 장면은 단순하며 재미있고, 엄마 아빠가 서로 힘을 합쳐 즐거움을 누리는 장면은 유쾌하지요. 그리고 씨앗들이 달리기 시합을 해서 일등을 한 씨앗이 알을 차지하고 엄마 배가 나날이 불러서 때가 되면 아기가 나온다는 것을 아주 제대로 설명하는 아이들 앞에서, 엄마 아빠는 옴마나 쑥스러워라, 볼이 빨개지네요. 그리고 다음 장면을 보면 말이니 돼지니, 고양이, 개, 닭 등 온갖 짐승들이 제 새끼들을 데리고 모두 모두 이렇게 해서 생산한다는 것을 즐겁게 보여 주는군요. 우리는 어린아이들이 질문하면 어찌 대답해야 할지 몰라 당황하는데, 이 책은 핵심을 콕 집어 양성의 결합과 임신, 출산 과정을 발랄하고 유쾌하게 보여 주고 있네요.

잠깐 딴 얘기! 씨앗(=정자)들의 달리기라면 생각나는 일화가 있어요. 제 친구 딸애가 "엄마, 내가 1등이었어!" 하더래요. 엄마 뱃속에서 정자들이 모두 열심히 달리기를 했는데, 자기가 이겨서 난자를 차지했다는 거죠. 어쨌든 이 말에는 세상의 모든 이들이 달리기에서 이겨 세상의 빛을 보았다는, 날렵하면서 묵직한 진실이 담겨 있군요.

배빗 콜의 이 책은 엄청난 반응을 불러일으켰어요. 대부분 재미있다는 우호적인 반응이라서 학교에서 성교육을 할 때 이 책을 이용하기도 했지만, 불평도 터져 나왔어요. 자기 아이가 부모 허락 없이 이 책을 읽었다고 매우 화를 내는 엄마도 있었다네요. 성과 사춘기를 다룬 책에 대한 불평 중에서 가장 재미있었던 것을 배빗 콜은 이렇게 기억해요.

그림스비에 사는 어느 여자 분이, 자기 딸은 뽀뽀하면 아기들이 생기는 거라고 여기는데, 계속 그렇게 생각하게 놔두고 싶다고 편지했어요. 나는 그 아이가 엄마와 아빠가 자기에게 뽀뽀하면 어떤 일이 일어날 거라고 생각하는지 알고 싶어졌지요.[1]

『이상한 곳에 털이 났어요!*Hair in Funny Places*』는 십대에 접어들며 생기는 몸의 변화를 재미나게 그린 책이에요. 겨드랑이니 생식기에 털이 생기고, 가슴이 볼록 나오기 시작하는 등의 과정을 호르몬 아저씨와 호르몬 아줌마를 등장시켜 설명하는데, 은근히 재미있고 쉽답니다. 어린이 그림책에 아이들의 맨몸을 그린 건 별로 못 봤는데(예전에 미국

Drop Dead, Red Fox, 1998

에선 모리스 샌닥이 『깊은 밤 부엌에서』에 아이의 알몸을 드러냈다가 책이 금서가 된 적이 있었지요.), 이 책에 나온 그림들을 보면 마치 작가가 "에이, 그까짓 것, 다들 그렇게 생겼잖아!" 하며 별것 아니라는 투로 휙휙 그린 것 같아요. 그만큼 자연스러우면서도 당당하답니다. 그런데 호르몬 아저씨와 아줌마가 괴물처럼 그려진 게 전 살짝 불편했어요. 십대란 때론 호르몬의 작용으로 이성으론 제어할수 없는 괴물처럼 뒤바뀔 수도 있다는 뜻일까요?

『벌거벗은 꼬꼬닭의 비밀 *Drop Dead*』은 인간의 한살이와 죽음, 그리고 그 이후에 대해 재미나게 풀어 놓은 책이에요. 머리는 반질반질, 얼굴은 쭈글쭈글한 할아버지 할머니! 꼬마들은 궁금하죠. 우리는 이렇게 머리숱도 많고 피부도 매끈매끈한데 이 분들은 왜 그럴까? 두 분은 손주들의 질문에 자기들도 아기 때는 어땠고, 십대 때는 어땠는데 그러다 영화배우와 스턴트맨으로 만나 결혼하고, 아이 낳고 살다가 지금은 이렇게 나이 든 거라며 재미나게 대답해 줘요. 그러나 느림보 거북이처럼 행동하고 있어도 마음만은 여전히 새로운 도전을 하고 싶고, 그러다 콰당, 하고 갑자기 죽을 수도 있지만, 그 이후 또 다시 태어날지도 모른다고 말해 주죠. 배빗 콜은 에필로그를 재미있게 꾸몄어요. 문어나 양파

피클로 태어날 수도 있지만, 몸도 쭈글쭈글하고 털도 빠진 닭 두 마리로 태어나 황당해하는 모습을 담았거든요.

이청준의 단편 『흉터』에 보면, 손자가 할아버지 몸에 웬 흉터가 이토록 많은지 궁금해하자 할아버지는 흉터를 하나하나 가리키며 그게 어떻게 생겨났는지 설명해 줘요. 그 과정에서 할아버지의 한살이가 자연스레 묘사되지요. 마찬가지로, 배빗 콜의 이 책도 노인이란 늘 노인인 게 아니라 한때는 귀여운 아기였고, 손자손녀들과 똑같이 세발자전거를 타고 다니던 시절이 있었다는 것, 삶은 그렇게 이어진다는 것을 익살맞은 그림으로 표현하지요.

글은 되도록 줄이고 그림으로 삶의 과정과 죽음에 대해 유쾌하게 그려낸 이 책이 왜 '벌거벗은 꼬꼬닭의 비밀'이라는 어울리지 않는 제목을 달고 있는 것일까 생각하다 원제목을 찾아보니 'Drop Dead'군요. '콰당! 쿵!'이란 뜻으로 할아버지 할머니가 나이가 들어 갑자기 쿵 쓰러져 죽는다는 뜻을 담고 있는데, 영국 원본에는 할아버지와 할머니가 죽어 넘어질 때의 발 모양이, 호주에서 나온 책은 꼬꼬닭들이 표지를 장식하고 있네요. 우리나라 책도 꼬꼬닭 그림인데, 아무래도 죽음을 표현하는 표지 그림이 부담스러웠던 탓이겠지요? 그래서 제목도 바꾼 듯한데, 원제목을 그냥 살리는 게 주제를 더 잘 표현했을 것 같아요. 이 책은 1996년 쿠르트 마서 상을 받았어요.

이 책의 할아버지와 할머니는 오래오래 함께 살고 있지만, 그렇지 않은 경우도 많지요. 연애할 때는 서로 다른 점이 장점이자 배울 만한 점으로 보이지만, 막상 결혼하면 그 다른 점이 싸움의 실마리가 되어 참 지겹게도 싸우잖아요. 부모가 끝도 없이 치열하게 으르렁거리면 아이들은 무슨 생각을 할까요? 차라리 부모가 갈라서서 평화롭게 사는 것을 원치 않을까요? 배빗은 이혼이란 주제도 그런 쪽으로 발랄하게 다루었어요.

『따로 따로 행복하게 Two of Everything』에서 엄마와 아빠가 서로 혐오하며 하도 싸워 대니 아이들은 저러는 게 혹시 자기들 때문은 아닐까 고민하지요. 너무 속상한 나머지 다

『내 멋대로 공주』, 비룡소, 2005

른 친구들도 우리 같나 싶어서 다함께 모여 얘기해 보니 친구들 집도 다 그런 거예요. 그래서 이 아이들은 엄마 아빠가 싸우는 건 자기들 탓이 아니라고 결론내고 엄마와 아빠를 위해 끝혼식을 열어 줘요. 그리고 엄마와 아빠는 비행기를 따로 타고 끝혼 여행을 떠났고, 아이들은 양쪽 집을 오가는 굴을 파고 이젠 집도 두 채, 자기들을 위해 마련된 게 모두 두 개라 행복하게 지내지요.

사람 사는 게 제각각이라 현실에서는 이혼 후에 정말로 행복할지 아니면 더 힘들어질지 그 누구도 모르는 일이긴 하지만, 이 책은 적어도 이혼가정의 아이들이 불필요한 죄책감(내 탓이오.)이나 의구심(내 탓일까?)을 탁 털어 버리고, 아, 다른 집도 엄마 아빠들이 이렇게 싸우는구나, 하며 그 나이다운 안도를 할 수 있게 해 주지요.

배빗 콜의 책들을 한 마디로 표현하라면 '물구나무 서기'라고 하고 싶어요. 뭐든 거꾸로 보고 남달리 생각하거든요. 그러니 그녀가 전래 동화를 가만히 두고 볼 리가 없지요. 『내 멋대로 공주』에서 그려낸 현대판 공주는 그 옛날 공주들과는 매우 달라요. 콧김 뿜는 용가리들을 애완동물 삼아 데리고 다니고, 양말과 빈 깡통과 바나나 껍질이 굴러다니는 방에 엎드려 기수가 말을 타고 장애물을 뛰어넘는 텔레비전 프로그램을 보고, 애완동물을 벅벅 솔질해 주며 마음대로 살고 싶어 하지요. 하지만 결혼하려는 왕자들이 줄을 잇자, 공주가 내건 조건은 황당해요. 민달팽이가 정원의 꽃을 먹어치우지 못하게 하기, 동물 먹이 주기, 롤러스케이트 타고 누가 더 오래 춤추나 시합하기, 오토바이 타고 달리기 등 아주 간단해 보이지만 알고 보면 무시무시하고 정신 사나운 일들이지요.

다른 왕자들은 차례차례 포기했지만 뺀질이 왕자만큼은 나름 기지를 발휘해서 민달팽이에겐 포도주를 주어 진정시키고, 헬리콥터로 동물 먹이를 뿌리고, 전동 롤러스케이트 타고 쌩쌩 춤추는 등 가볍고 뺀질뺀질하게 해내지요. 공주는 결국 왕자와 결혼할 수밖에 없을 것 같지만, 기막힌 반전이 나옵니다. 공주가 마법의 뽀뽀를 하자마자 왕자는 어떻게 되었을까요? 전래 동화 속 공주들처럼 '그리고 행복하게 살지만' 행복해지는 방식도 과연 같을까요?

공주가 결혼은 뺑 차 버리고 마음대로 산다며 이 책을 페미니즘을 주제로 한 현대 동화로 평가하기도 하지만, 뭐 그냥, 내 멋대로 공주는 배빗 콜의 분신이라고 보면 돼요. 왕자가 나타나 공주를 구해 주는 그 모든 전통 동화에 반기를 들고 싶을 때 작가는 문득, 내 멋대로 공주에 대한 아이디어가 떠올랐다고 해요. 그런데 모델은 자신이라는 점. 펭귄 출판사와의 인터뷰에서 작가 자신이 "이건 내 자서전이다."라고 말했을 정도지요. 공주의 방은 배빗의 방처럼 아수라장이고, 공주는 배빗처럼 동물 돌보는 일을 좋아하고 뭐든 별난 일을 즐기지요.

만약 공주에게 구애하듯 배빗에게 구애를 해야 한다면 다이아몬드 반지 대신 말을 보여 줘야 할 거예요. 그녀의 그림책에는 어디서든 말 또는 말 비슷한 동물이 나오지요. 내 멋대로 공주도 동물들을 빗질해 주는 취미가 있지요. 배빗은 말을 어마어마하게 사랑한 나머지 "만약 당신이 세상에서 가장 좋은 말을 갖게 되었는데, 그 말을 준 왕자와 살아야만 한다면?"이란 질문에 이런 엽기적인 답변까지 서슴지 않아요. "말도 안 돼! 난 그 왕자를 팔겠어요. 그리고 그 말은 그냥 갖겠어요!"

배빗이 그린 공주와 왕자도 매우 신선해요. 공주는 비리비리 말라깽이에 가슴은 납작, 오히려 배가 살짝 나왔어요. 전래 동화에서 공주를 구해 주는 남자는 보통 미남 왕자든가, 바보같지만 알고 보면 똑똑한 평민이며 착한 사람이지요. 그런데 이 책에서 공주가 맡긴 일을 척척 해내 결혼 직전까지 가는 왕자는 뺀질뺀질거리는 데다 하는 짓이 약간 사기꾼 같은 타입이지요. 그리고 뺀질이 왕자의 옷에 달린 메달은 금돼지. 물질지상주의자임을 알려 주는 표현이지요.

전래 동화를 가볍게 뒤엎어 버리는 그녀는 신데렐라도 가만히 놔두지 않아요. 재투성이 아가씨 대신 재투성이 왕자를 주인공으로 한 『신데 왕자 Prince Cinders』에서 작가는 키 작고 비쩍 마르고, 주근깨투성이에 볼품없는 왕자를 그려 내요. 털도 북실북실하고 몸집도 우람한 세 형들은 날마다 공주들을 데리고 파티에 가서 신 나게 놀지만 가엾은 신데 왕자는 청소나 하고 있지요. 그나마 나타난 요정이란 게 마법도 제대로 부릴 줄 몰라, 털도 나고 몸집도 커지고 싶다는 왕자의 소원을 들어주긴 했지만 엉뚱하게도 큼직한 털투성이 괴물을 만들어 버리지요. 버스 정류장에서 그 괴물을 만나서 겁에 질렸던 돈벼락 공주는 밤 12시에 마법이 풀려 괴물이 다시 신데 왕자로 돌아오자, 그 왕자가 자기를 구해주었다고 착각하고 도망간 그를 찾아내 결혼한답니다.

작가는 온 곳에서 기발한 상상력을 보여 주고 있어요. 요정이 호박 마차 대신 멋진 차를 만들어 주려는데 장난감 차가 생기는 것도 우습지만, 그 차를 롤러보드 삼아 타고 쌩쌩 파티에 간다는 게 무척 재미있지요. 또 왕자를 찾기 위해 선택한 것이 유리 구두가 아니라 좁은 바지라는 것도 은근히 웃겨요. 신데렐라의 발이 작은 게 미인의 미덕 중 하나라면, 이상적인 남자란 우람한 근육을 가진 자일 텐데, 배빗은 유리 구두자리에 좁은 바지를 대입하여 비리비리하고 연약한 자에게 눈길을 돌렸지요. 또한 신데 왕자는 전래 동화 속의 수동적인 여자 역할을 합니다. 내 멋대로 공주는 자신의 주관이 명확하고 그것을 밀고 나갈 용기가 있는 반면, 신데 왕자가 자신을 위해 한 것은 전혀 없지요. 신데렐라와 마찬가지로 요정과 돈벼락 공주에 의해 운명이 좌우되었으니까요. 배빗의 말마따나 "요즘에는 커다란 오토바이를 타고 언덕을 올라 왕자를 구하는 것은 대개 공주 아닌가요!"

『우리 엄마는 못 말리는 마법사』, 어린이작가정신, 2008

신선한 발상으로 전래 동화를 뒤집은 이 책들은 1986년, 1987년에 차례로 케이트 그린어웨이 상을 받았어요.

그런데 현대판 공주와 왕자에 속하지 않는 평범한 아이들은 엉뚱한 부모 때문에 고민하기도 하지요. 우리 엄마 아빠가 친구들의 엄마 아빠와 너무나도 다르다는 두려움을 한껏 과장한 것이 'The Trouble with…' 시리즈예요. 『우리 엄마는 못 말리는 마법사 The Trouble with Mom』 『우리 아빠는 우당탕탕 발명가 The Trouble with Dad』로 두 권이 번역되어 있고, 할머니, 할아버지, 삼촌에 관한 책도 있지요. 엄마 책에서 엄마는 마법사로 설정되어 있어요. 배빗이 좋아하는 책이 『해리 포터 Harry Potter』라던데, 마법사란 어느 시대에나 누구에게나 매혹적이지요. 그런데 만약 우리 엄마가 마법사라면 어떨까요?

엄마 책에서, 아이에겐 마법사인 엄마가 골칫거리에요. 엄마가 쓴 검정 마녀 모자에는 꽃과 빨간 열매가 달려 있지만, 독니를 스윽 내민 뱀도 그 모자에 똬리를 틀고 있으니, 그것을 보고 누가 반갑다 하겠어요? 학교에 가는 첫날, 다른 부모들은 아이 손을 잡고 걸어가거나 자전거에 태우고 가는데, 이 엄마는 아이를 빗자루에 태워 하늘을 날아 데려다 주지요. 학부모 모임에서도 다른 부모와 어울리지 못해 개구리로 만들어 버리고, 아빠는 피클 병에 가둬 버립니다. 게다가 학교에 만들어간 기괴한 컵케이크는 마녀만이 만들 수 있는 것! 온갖 벌레들이 튀어나와 선생님들을 기겁하게 만들지요. 조마조마한 아이와는 달리, 친구들은 이 집에 놀러 와서 어마어마하게 큰 용가리, 거미 등 이 집만의 독특한 애완동물도 좋아하고, 마법사 할머니 할아버지도 만나 즐겁게 놀지만, 친구 부모님들이 화를 내며 아이들을 데려가 버리지요. 하지만 일은 마무리되게 마련. 어느 날 학교에서 불이 나자 마법사 엄마가 먹구름을 끌고 나타나 비를 내려 아이들을 구해 줘요. 이로써 다른 부모님들과의 갈등도 가볍게 해결되지요.

이 책은 그림 하나하나가 재미있어요. 뱀이 똬리를 튼 무시무시한 모자를 쓰고, 해골 귀걸이를 달고 있지만 예뻐 보이려고 거울을 보며 립스틱을 칠하는 엄마는 귀엽기까지 하고, 술 때문에 엄마에게 벌을 받고 인상을 잔뜩 쓴 채 피클 병에 갇혀 '말린 두꺼비', '닭발 로션', '징글징글표 진짜 지렁이' 병과 나란히 놓여 있는 아빠를 보면 미안하지만 웃게 돼요. 등굣길 장면에서는 신기한 구경을 하고 싶은데 질질 끌려가는 아이들의 감정을 매우 세세하게 표현하고 있고, 다른 부모들이 졸지에 개구리로 바뀌는 장면을 보면 풋, 웃음이 나요.

배빗 콜은 그림책을 만드는 일을 하면서 가장 좋은 점은 사람들을 웃게 하는 것이라고 해요. 새로운 이야기를 만들 때 그저 머릿속에 떠오르는 것을 그대로 적고 그리고 하면 된다니, 유머 감각 있는 그림 재주는 아빠를 닮고, 엉뚱하고 재미난 생각을 하는 것은 엄마를 닮았나 봐요.

엉뚱한 사람들의 집 안은 그다지 깨끗할 것 같지 않은데, 배빗 콜도 마찬가지예요. 집 안에 깔끔한 곳은 없고 마당보다 지푸라기니 밀짚이 더 많다는데, 그중 작업실은 아수라장 그 자체라고 해요. 두루마리 휴지, 빈 그릇들, 머그잔들, 낡은 말안장과 고삐, 테이블 옆에는 개 한두 마리가 늘 있다고 하네요. 『엄마가 알을 낳았대!』와 『내 멋대로 공주』의 첫 장면을 보면 배빗의 집이 딱 그럴 것 같아요.

자신의 집이 하도 아수라장이라 그런지 배빗은 유난히 위생에 관련된 책들을 많이 만드네요. 대표적인 것이 건강에 대한 상식을 재미있게 전달하는 『멍멍 의사 선생님 Dr.Dog』이에요. 자기가 키우는 개 중 하나가 어찌나 똑똑한지 잔디 깎는 기계를 주면 아마 잔디도 깎을 거라는데, 그 개를 보고 배빗은 곧바로 의사를 떠올렸다고 하네요. 또 작은 테리어 한 마리 역시 의사나 다름없어, 늘 다른 개의 상처를 핥아 주고, 그들에게 무슨 문제가 생기면 주인에게 보고하러 온다고 하는데, 『멍멍 의사 선생님』네 검보일 가족의 주치의도 바로 개죠.

멍멍 선생이 브라질로 휴가를 간 사이에 식구들이 모두 병에 걸려요. 전보를 받고 달려온 멍멍 선생은 한 명 한 명 진단을 내리고 설명하고 치료해 주지요. 십대인 커트는 담배를 피우다 폐에 타르가 차서 쿨럭쿨럭 기침하는 거고, 거티는 얇게 입고 나갔다가 편도선에 염증이 생긴 거고, 케브는 머리에 이가 있어 그렇게 벅벅 긁는 거고, 등등…. 확대경으로 본 머릿속 이가 독자를 향해 메롱 하는 장면은 재미나고, 아이 똥구멍 주위에 기생충 알이 오글오글한 장면은 매우 현실적이에요. 게다가 손톱 밑에 낀 알들이라니! 맥주와 콩을 많이 먹어 배에 가스가 잔뜩 찬 할아버지가 방귀를 세차게 뀌는 바람에 변기에 앉은 채 지붕을 뚫고 날아가는 장면에 저는 왜 감정이입이 되는 걸까요?

마지막 장면에서 식구들을 모두 고쳐 주고 한가하게 섬에서 책을 읽고 있는 멍멍 선생을 보니, 작가가 자신의 소망을 담았구나, 하는 생각이 듭니다. 배빗 콜은 어릴 때부터 책을 무척 좋아했고, 지금도 가장 바라는 것이 챙 넓은 모자를 쓰고 바닷가에서 책 읽는 것이라고 말했거든요. 어릴 때『나니아 연대기 The Chronicles of Narnia』를 좋아했고, 지금은 로알드 달과 조앤 롤링의 팬이라고 합니다. 그리고 한결같이 좋아하는 책은 『이상한 나라의 앨리스 Alice's Adventures in Wonderland』고요.

아수라장인 집에서 아수라장인 그림을 그리지만 배빗 콜이 가장 좋아하는 시간은 새벽이에요. 아무에게도 방해받지 않는 자정부터 새벽까지 일을 하지요. 수채화 물감과 파스텔도 이용하지만, 옷감 염색제를 주로 쓰고 면봉으로 번짐 효과를 내는데 옷감 염색제로 그리면 고쳐 그릴 수 없으므로 틀리면 처음부터 몽땅 다시 그려야 한다고 한숨을 쉬네요.

종마장을 갖고 싶어 돈을 모으려는 수단으로 책을 만들기 시작했고, 지금은 영국과 영국령 버진 아일랜드의 토르톨라, 두 군데에 집이 있는 그녀는 말을 돌보는 한편, 길고 긴 자신의 저작 목록에 한 줄을 덧붙이기 위한 노력을 계속하지요. 자기 시간을 몽땅 말에 쏟아 붓고 그림책은 감각을 잃지 않기 위해 일 년에 한 권 정도만 만들고 싶다지만, 그래도 천생 그림책 작가인데 솟구치는 아이디어를 어떻게 하겠어요? 자다가도 벌떡 일어나 아이디어를 마구 적어 놓고 그림을 그린다는 그녀는 앞으로도 끝없이 책을 만들 수 있는 파일이 서랍 속에 꽉 차 있다고 하네요.

자신이 그림책 작가로서 성공하게 된 이유를 아이들에게 메시지를 '하달'하지 않는 것, 그리고 그들의 언어인 디지털로 소통하는 것이라고 말합니다. 홈페이지에 올라온 글에 꼬박꼬박 답변을 해 주느라 하루에 두 시간쯤 쓴다는군요. 미래의 그림책 작가들에게, 요즘같이 비관적인 일들이 많은 시대에 사람들은 울적한 일에 지쳐 있으므로 재미있는 사람이라면 성공할 가능성이 높다고, 그러나 그림 재주가 없으면 덤벼들지 말라고 현실적이면서도 안타까운 조언을 해 주는 배빗 콜. 그 유전자가 아까운데, 배빗은 십수 년 동안 짝과 살면서도 아이는 갖지 않는군요. 아이가 있다면 세상을 보는 시각이 많은 면에서 달라질 테고 책임감을 갖게 되겠지만, 아이가 없다면 피터 팬처럼 결코 성장하지 않아도 되니 행운이라고, 아마 그 덕분에 자기는 어른으로 살면서 아이의 눈으로 세상을 보는 건지도 모른다네요. 이런 그녀에게, 말 도둑과 해적 조상과 그림쟁이와 거짓말쟁이 조부모와 엉뚱하고 재미난 그림책 작가의 유전자를 물려받은 아이가 주인공인 그림책을 하나 만들어 달라고 하고 싶어지네요.

Dav Pilkey

복도에서 싹 틔운
그림쟁이의 길

대브 필키

1966년 미국 오하이오 주에서 태어났습니다. 초등학교 시절부터 만화책을 만들었습니다. 어린 시절부터 엉뚱한 아이였고 지금은 작품을 통해 어린이들에게 기상천외한 재미와 유쾌함을 선사합니다. 파란색 아기 공룡을 주인공으로 한 '언제나 행복한 공룡' 시리즈, 코믹한 캐릭터가 등장하는 '뺨빠리빔! 빤스맨' 시리즈와 『입 냄새 나는 개』 등이 우리말로 번역되어 있습니다. 글을 쓴 책으로는 '지구를 지켜라! 초강력 로봇' 시리즈가 있습니다. 지금은 가족과 워싱턴 주의 작은 섬에 살고 있습니다.

* 책에 따라 데브 필키, 데이브 필키로도 표기가 됩니다. 여기에서는 대브 필키로 통일합니다.

전에 친척들이 모인 자리에서 꼬맹이 하나가 조기를 통째로 들고 휙휙 돌리는 걸 보고 깜짝 놀란 적이 있습니다. 더 황당한 건 부모가 그걸 말리지 않고 그냥 내버려 두었다는 사실. "이젠 포기했어요. 타일러도 보고 때려도 봤는데 안 먹혀요. 정말 어쩔 수가 없어요." 완벽하게 지친 그 부모의 표정을 보니 참으로 가련하더이다. 오죽하면 내버려 둘꼬?

선생님이 포기한 아이가 있었지요. 학교에서 왕까불이 노릇을 하는 아이였습니다. 어찌나 산만한지 주의력 결핍과 과잉행동장애라는 도장이 찍혀 툭하면 복도로 내쫓겼지요. 복도에 아예 이 애를 위한 책상이 마련되어 있어서, 이 꼬마는 아침에 학교 가면 우선 그 책상 속에 종이와 연필, 크레용을 채워 넣기 바빴습니다. (오, 이 섬세한 준비성!) 그리고 수업하다 쫓겨나면 복도에 앉아 그림을 그리면서 나름대로 알찬 시간을 보내곤 했지요. 처음에는 그림만 그리다가 나중에는 이야기까지 써 넣어 아예 만화책을 만들었는데, 빤쓰를 입고 날아다니면서 나쁜 놈들을 혼내는 빤쓰맨 등, 육백만불의 사나이를 흉내낸 영웅들을 주인공으로 삼았답니다.

고등학교에 올라가자 학교에서의 상황은 더욱 악화되었습니다. 대브는 선생님들이 자기의 유머 감각을 '증오'하고, 자기의 예술적 재능을 '경멸'하고 있다고 생각했지요. 어느 날 교장 선생님이 대브에게 이런 말을 해서 그는 큰 상처를 받게 됩니다. "그림을 잘 그린다는 이유로 넌 자신을 매우 특별하게 생각하나 본데, 흔해 빠진 게 예술가다. 넌 그것으로는 결코 밥벌이를 할 수 없을 거야."[2]

그런데 산다는 건 참 묘한 일의 연속. 1984년에 켄트 대학교에 들어간 대브, 역시나 영어 수업 시간에 집중하지 않고 노트에 만화를 그리고 있는데, 교수가 그 노트를 본 거에요. 당연히 혼날 거라고 생각했는데, 뜻밖에 그 교수는 만화를 보며 신 나게 웃어 대더니, 너무 재미있다고, 어린이 그림책을 만들어 보는 게 어떠냐고 권했답니다.

그래서 대브는 여우와 너구리를 내세워 미국과 소련의 핵무기 증강을 빗댄 그림책인 *World War Won*(이긴 세계 대전)을 대학생 콘테스트에 내서 상을 받고 출판하게 되어 그림책 세계에 발을 들여 놓습니다.

그의 두 번째 책인『입 냄새나는 개 *Dog Breath*』는 작가가 어렸을 때 갖고 있었던 '핼리'라는 개를 모델로 한 책입니다. 그 개의 냄새가 어찌나 심한지 작가의 아버지는 개 이름을 '핼리 토시스(Halle Tosis)'로 붙여 줬다는군요. halitosis(입 냄새)라는 단어에서 딴 말이라고 합니다. 이 책에 나오는 개 핼리는 토시스 가족과 함께 사는데, 그림을 보면 핼리만 혀를 내밀고 있고 나머지 사람들은 다 코를 막고 있네요.

핼리의 입 냄새가 어찌나 심한지 냄새를 맡았다 하면 물고기가 기절을 하고 화초의 잎이 다 떨어지고, 모나리자조차 코를 막는 일이 벌어집니다. 스컹크도 피해 갈 정도지요. 토시스 부부는 이 개를 더 이상 못 키우겠다고 하지요. 아이들은 머리를 짜내다가 개의 입 냄새(bad breath)를 없앨 수 있는 방법은 산꼭대기로 데려가 개에게 아주 놀라운 풍경(breathtaking view 냄새를 가져가는 풍경)을 보여 주는 길밖에 없다고 생각합니다. 하지만 오히려 그들을 본 해님이 얼굴을 찌푸리며 코를 막지요. "You'll lose your breath on our Rollercoaster(숨이 넘어갈 정도로 재미있는 롤러코스터)"라고 쓰인 광고지를 본 아이들은 글자 그대로 그 내용을 받아들였어요. "롤러코스터를 타면 '숨 냄새'를 잃을 것"이라고 생각한 거지요. 아이들은 핼리를 롤러코스터에 태워 봤지만 오히려 같이 탄 다른 애들이 질식…. 그런데 그날 밤에 도둑들이 들어옵니다. 어떻게 되었겠어요? 도둑들이 핼리의 입 냄새에 기절하는 일이 벌어지고, 핼리는 무사히 이 가족과 같이 산다는 이야기.

냄새 심한 개가 도둑을 잡음으로써 무사히 자기 자리를 지킨다는 내용은 오드리 콜먼이 그림을 그린『월터는 방귀쟁이 *Walter the Farting Dog*』에서 방귀 냄새 지독한 개 월터

「입 냄새 나는 개」, 푸른길, 2006

해리의 고약한 입 냄새를 바꾸려는 계획은
실패하고 말았습니다. 이제 기적이 일어나기
전에는 해리를 구하기가 힘들겠어요.
세 친구는 기적이 지평선 너머에서
다가오고 있는 걸 모른 채, 슬프지만
잘 자라는 인사를 나누었습니다.

가 도둑을 잡아서 한 식구로 인정받는 것과 비슷하지요. 이 두 책의 차이는, 핼리 책에서는 아이들이 단어를 글자 그대로 해석함으로써 핼리를 구해 주려는 부분이 재미있고, 월터 책에서는 월터의 방귀를 에너지 자원으로 이용하는 반전이 압권이라는 거예요.

제가 대브 필키의 책을 처음 본 것은 1999년이었습니다. 서점의 칼데콧 수상작 코너에 꽂혀 있던 *The Paperboy*(신문 배달 소년)라는 책이 제 눈길을 끌었지요. 작가 이름이 데이브(Dave)가 아니라 대브(Dav)라서 희한한 이름이라는 생각이 들었어요. 나중에 알고 보니 이 작가가 피자헛에서 이름표 달고 웨이터로 일하던 시절, 그만 기계가 고장 나서 이름표에 Dave에서 e가 빠진 Dav로 인쇄되어 나왔다네요. 그는 이 이름이 왠지 마음에 들어 그때부터 줄곧 그 이름을 쓰고 있답니다. 빨간머리 앤은 흔해 빠진 Ann이라는 이름이 싫어서 굳세게 e를 꼬리에 더 달아서 Anne으로 쓰는데, 데이브는 하나 떼어 내는 방법을 택했군요.

대브 필키에 대해 아무것도 몰랐으니 선입관도 전혀 없었던 시절, *The Paperboy*를 보면서, 이 작가가 샤갈과 고흐를 참 좋아하나 보다, 하는 생각이 들었지요. 그 화가들의 신비로운 녹색과 푸른빛이, 그리고 고흐의 「별이 빛나는 밤 *Sterrennacht*」의 구도가 이 책에 그대로 드러나고 있거든요.

모두가 깊이 잠들어 있는 여름날 이른 새벽 (여름이라도 새벽 공기는 찹니다.), 신문 돌리는 아이의 침대는 아직 따뜻해요. 발치에서 자는 개도 아이도, 그 따스한 침대에서 나오기는 참 어렵습니다. 그러나 그들은 일어나서 곤히 자고 있는 부모님과 여동생 방문을 지나 밖으로 나옵니다. 이 장면에서 개는 그래도 정신이 들어 아이를 적극적으로 현관 계단 쪽으로 가자고 하는데 아이는 거의 반쯤 잠들어 걷고 있어요. 복도에 꽂혀 있는 노란 작은 등의 불빛이 아이의 몽롱한 세계와 깨어나야 할 현실 세계를 가르고 있지요. 아직도 깜깜한 바깥 하늘이 창으로 보이는 부엌 식탁에 앉아 아이와 개는 각각 제 '먹이'를 챙겨 먹습니다. 그리고 차고에서 녹색 고무줄로 신문을 재빨리 묶어 커다란 빨간 가방에 넣습

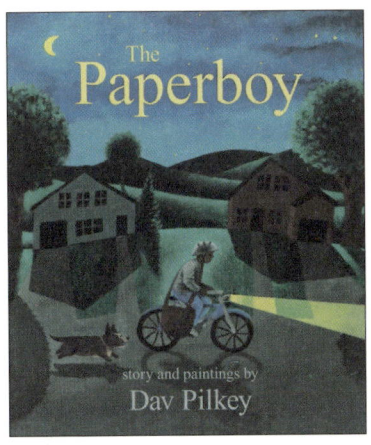

The Paperboy, Scholastic, 1999

니다. 그 무거운 신문을 들고 자전거에 올라타기란 쉽지 않지만, 아이는 숙달된 솜씨로 잘 올라타서 이제 길을 떠나지요.

　노란 달과 별들은 검푸른 하늘에 점점이 흩어져 있습니다. 이미 신문 돌리는 길을 다 알고 있는 소년의 머릿속엔 어느 집을 향해 페달을 밟을까는 전혀 들어 있지 않지요. 대신 큰 일들, 작은 일들을 생각하기도 하고, 때로는 아무런 생각도 하지 않고 자동적으로 자전거를 타고 갑니다. 개 역시 마찬가지입니다. 신문 돌리는 길을 따라 서 있는 나무들 중에서 어느 것이 냄새 맡기 좋은지, 어느 다람쥐들이 뒤쫓기에 좋은지 다 알고 있습니다. 이렇게 아이와 개는 함께 가면서도 서로 다른 생각의 길을 달려가고 있습니다. 이들 외에 온 세상은 깊이 잠들어 있는 지금이 그들은 가장 행복합니다. 고흐의 그림을 떠올리게 하는 키 큰 나무가 왼쪽에, 노란 달이 오른쪽 하늘에 떠 있고, 검푸른 하늘에 별빛이 노랗게 우러나오는군요.

　다음 장을 펼치면 막 모습을 드러내기 전의 태양이 새벽하늘을 화려하게 물들이고 별들과 달은 스러져 가고 있지요. 신문을 다 돌린 아이와 개는 이제 집을 향해 달려갑니다. 무거웠던 빨간 가방은 텅 비어 차가운 아침 공기를 가르며 날고 있습니다. 그들은 집 안으로 들어갑니다. 안은 아직도 어슴푸레하지만 아침을 말하는 소리들이 도처에서 들립니다. 부모님이 침대에서 조용히 말하는 소리, 여동생이 토요일 아침의 만화 영화를 보는 소리. 아이는 자기 방에 들어와 블라인드를 내리고 아직 따스한 기가 남아 있는 침대로 들어갑니다. 세상은 깨어나는데, 아이와 개는 다시 곤히 잠듭니다. 자기들 일을 다 했으므로…. 이제는 꿈꿀 시간이지요. 그 장면의 그림을 보면 여자를 껴안고 하늘로 올라가는 남자를 그린 샤갈의 그림이 선연히 떠오릅니다.

작가는 매일 아침 6시 경에 개를 산책시키다가 동네에서 신문을 돌리고 있는 킨니 위트모어라는 소년을 보고, 문득 13살 때 같은 일을 했던 자기 모습이 떠올라서 이 그림책을 만들게 되었다고 합니다. 하지만 글이 안 떠올라 2년가량 잊고 있다가, 어느 날 갑자기 머릿속에 번쩍! 불과 15분 만에 이야기를 다 써 버렸다고 하지요. 그러면서 하는 말, 어렸을 때 신문을 돌리느라고 꼭두새벽에 일어나는 건 너무나 싫었지만, 자전거를 타고 차갑고 어두운 새벽 공기를 가르며 느끼는 고요함은 정말 좋았다네요. 이 책은 1997년에 칼데콧 영예상을 받았습니다.

그런데 이 그림을 그리면서 재미있었던 일 하나. 미국에서는 요즘 법에 따라 자전거를 탈 때 헬멧을 써야 하는데, 작가는 그림을 다 그린 뒤에야 그걸 깨닫고 뒤늦게 헬멧을 그려 넣었다는군요. 뭐랄까…, 다른 책들을 보면 투철한 준법정신은 이 작가와 참 어울리지 않는데 뜻밖이네요.

작가는 거칠 것 없이 장난질만 했던 자신의 어린 시절을 '빰빠라밤! 출동, 빤스맨*The Adventures of Captain Underpants*' 시리즈의 깜씨(조지)와 꼬불이(해롤드)에게 몽땅 그려 놓은 듯합니다. 만화와 글과 그림이 뒤범벅된 이 시리즈에서 두 아이들은 작가처럼 날이면 날마다 온갖 장난질을 하다가 복도로 쫓겨나기 일쑤죠. 어른의 권력을 대표하는 교장 선생님은 누군가가 손가락을 마주 튕기면 갑자기 빤스를 입고 빨간 망토를 휘날리며 제멋대로 뛰어다니는 힘찬 빤스맨으로 바뀌어 버립니다. 작가의 초등학교 시절 선생님은 알고 있나 몰라요. 자기가 이 시리즈에서 배가 툭 튀어나온 우스꽝스런 빤스맨으로 바

'빰빠라빰! 출동, 빤스맨' 시리즈, 주니어김영사

뛰어 많은 어린이들의 사랑을 받고 있다는 것을….

그 '빤스'는 모든 것을 뒤죽박죽으로 만들어 버리는 *The Dumb Bunnies*(멍청한 토끼들)의 빨래 건조대에도 얌전히 걸려 있습니다. (주로 아빠 토끼가 여러 색깔 빤스를 입고 활보하지요. 이 빤스는 '권위'를 삽시간에 추락시키는 도구일까요?) 이 토끼 가족은 모든 걸 거꾸로 하고 뒤죽박죽 엉망진창으로 만듭니다. 표지 그림의 방은 마거릿 와이즈 브라운의 『잘 자요, 달님 *Goodnight Moon*』의 방과 매우 비슷하지요. 거의 패러디 수준이라고나 할까요? 초록색 벽, 주황색 창틀, 창밖의 별들까지 똑같지만, 보름달 대신 살이 통통하게 찐 초승달이 보이고, 벽난로 안에 어항이 놓여 있고, 그 위의 시계는 숫자판의 순서가 시계 반대 방향으로 되어 있습니다. 토끼는 책을 거꾸로 들고 읽고 있지요.

엄마가 차 안에서 읽는 잡지 제목은 '*Better Holes and Garbage*(더 나은 구멍들과 쓰레기)'네요. 유명한 잡지인 『*Better Homes and Gardens* 더 나은 집과 정원』을 패러디한 거죠. 또 공공 도서관에 진열되어 있는 책들의 재목도 재미납니다. 닥터 수스의 *Green Eggs and Ham*(초록색 달걀들과 햄)은 '*Green Eggs and Tofu*(초록색 달걀들과 두부)'로, 로알드 달의 『찰리와 초콜릿 공장 *Charlie and the Chocolate Factory*』은 '*Charlie and the Carob Factory*(찰리와 캐럽 공장)'으로 뒤집어져 있습니다. 심스 태백의 『잭이 지은 집에서 도대체 무슨 일이 일어났을까? *The House That Jack Built*』 옆에는 '*The Condo That Jack Subleased*(잭이 전전세를 든 콘도)'가 나란히 진열되어 있지요. 아기토끼와 놀려고 찾아오는 여자애는 빨간 모자 아가씨(*Little Red Riding Hood*)와 골디락(「곰 세 마리와 골디락 *The Three Bears and Goldilock*」에 나오는 여자애)을 합친 '*Little Red Goldilock*'입니다.

이런 식의 뒤죽박죽 이야기에 어른들은 대개 거부감을 보이지요. 하지만 아이들은 다른 것 같아요. 자기가 뻔히 아는 내용인데 그게 엉망으로 되어 있으면, 어? 원래는 이건데, 어? 원래는 저건데, 하며 마치 '나도 알 수 있는' 퍼즐을 푸는 것처럼 즐거워하지요. 작가는 이런 면에서 아이들의 심리를 매우 잘 파악하고 있는 것 같습니다.

대브 필키는 오하이오 주 켄트에서 살다가 개와 함께 오레건 주 유진으로 자리를 옮겼지요. 그곳에서 살던 어느 날 비가 내릴 때 개를 데리고 강을 구경하며 서 있다가 갑자기 이 말도 안 되는 토끼들에 대한 생각이 떠올랐대요. 그 추운 데서 한 시간이나 비를 맞으며 온갖 우스꽝스런 상상을 다 하고 숨넘어갈 듯이 웃어 젖혔다니 제가 그 옆을 지나갔으면 '아, 상당히 맛이 간 사람이군.' 하고 생각했을 거여요.

이 책의 그림 작가는 대브 필키지만, 글 작가는 수 데님으로 나와 있습니다. 대브가 이름을 갖고 장난을 좀 쳤지요. 수 데님(Sue Denim)이라는 이름이 좀 묘하지 않나요? 수 데님은 바로 Pseudonym(수도님; 익명, 필명)의 발음에서 따온 거랍니다. 늘 이름을 숨기고 책을 쓰고 싶었던 그는 수 데님이라는 이름을 짓고, 가짜 경력을 만들어 놓고, 아예 검은 가발과 웃긴 안경으로 변장하고 작가 사진까지 찍습니다. 그리고 이 멍청한 토끼 책을 내놓았더니만, 꼬맹이들이 작가에게 보낸 편지가 우수수…. 대브 필키는 자기가 만든 수 데님에게 질투가 날 지경이었다는군요.

작가의 엉뚱한 뒤죽박죽 이야기는 『뒤죽박죽 신나는 하루 Dragon Gets By』 『크리스마스 선물 Dragon's Merry Christmas』 등의 공룡 시리즈에서도 이어집니다. 이 공룡 씨 역시 달걀 대신 신문으로 프라이를 하고, 신문 대신 달걀을 읽고, 창문 대신 옷장 문을 열고 깜깜하니까 아직 밤이라고 생각하고 다시 잠을 잔답니다. 그래도 우스꽝스런 토끼 시리즈에 비하면, 가끔씩 잔잔하고 귀여운 감동도 주는 책이지요. 뭐랄까, 토끼들은 좀 악동 같은 행동을 하는 데 비해 공룡은 귀여운 1학년짜리 꼬마같이 엉뚱한 행동을 하거든요. 이를테면 식료품을 사러 갔다가 너무 많이 사서 차에 실을 수 없자, 그 자리에 앉아서 다 먹어 치운답니다. (술 한 부대를 지고는 못 가도 뱃속에 넣어 갈 수는 있다는 우리 속담의 진리를 깨닫는 순간입니다.) 또 크리스마스 트리로 쓸 나무를 베러 가지만 차마 마음이 아파서 도저히 베지 못하고 아예 장식품을 다 이고 지고 와서 나무에 전구를 밝히고 종을 매다는 공룡을 보면, 그 다정한 마음에 아릿하고 미안해집니다. 여태껏 제가 본 그림책 중에서 이렇게 크리스마스 트리로 쓰이는 나무 자체의 생명을 아끼고 사랑하는 내용을 담은 건 처음 보았거든요.

어렸을 때 남다르다는 이유로 놀림을 매우 많이 받았다는 작가는 외모의 특징이 두드러진 탓에 따돌림과 놀림을 당하는 오스카라는 개를 주인공으로 할로윈 책인 *The Hallo Wiener*(할로위너)를 만듭니다. '위너'는 '비엔나소시지'라는 뜻이에요. 이 오스카는 남보다 키는 반 토막이고 길이는 반 이상 쭉 잡아 늘인 것처럼 긴 닥스훈트 종이지요. 그렇게 소시지같이 긴 등을 가진 건 마가렛 레이의 『내 이름은 프레즐 Pretzel』에 나온 프레즐도 마찬가지지만, 프레즐이 그 긴 등 때문에 어깨가 으쓱한 데 비해 오스카는 고개가 푹 꺾여 늘 풀이 죽어 지내지요. 온 동네 개들과 고양이들이 오스카만 보면 낄낄거리거든요. 오스카의 엄마는 자식이 그저 귀엽기만 해서 '비엔나소시지'라는 애칭으로 부르는데, 다른 개들은 이 말을 들으면 낄낄거리지요.

할로윈 날이 되었어요. 어떤 옷을 입고 할로윈 행사를 할까 궁금했던 오스카는 학교가 끝나자 얼른 집으로 달려갔어요. 하지만… 집에서 그를 기다리고 있었던 것은 비엔나소시지가 든 핫도그 빵 의상이 아니겠어요? 샛노란 겨자까지 가운데 쭉 짜여 있고 말이죠. 밤에 다른 아이들은 할로윈에 어울리는 박쥐, 마녀, 미라로 변장하고 나타났는데, 불쌍한 오스카는 핫도그 의상에, 그래도 꼬리에는 사탕을 챙길 가방을 매달고 있네요. 다른 개들은 이 모습을 보고 깔깔거리며 웃어 댔어요.

남들은 집집마다 몰려다니며 사탕을 받는데, 불쌍한 오스카는 헉헉…, 뒤늦게 가 보면 사탕은 동이 났네요. 그런데 호박귀신 괴물이 갑자기 나타나자 개들은 놀라서 도망가다 연못에 다 빠지고 말았지요. 오스카는 뒤늦게 '낮은 포복으로' 왔다가 괴물의 옷 밑에 있는 꼬리와 발을 보고 뭔가 수상하다는 생각이 들어 그 옷을 잡아당기니 호박귀신들은 다름이 아니라 사탕을 뺏으려던 고양이들이었던 것. 이제 오스카는 연못에 풍덩 뛰어들어 친구들을 구해 냅니다. 허리가 워낙 길어서 친구들이 뗏목 타듯 오스카 등에 앉아 무사히 연못을 빠져나온 거죠. 그래서 오스카는 친구들에게 영웅으로 대접받게 되었답니다!

이 책에서 가장 마음에 드는 그림은 노란 보름달 속에 까만 실루엣으로 아이들을 표현한 장면입니다. 그 위의 하늘은 빙빙 돌아가는 고흐의 하늘이네요. *The Paperboy*에서나 『크리스마스 선물』에서도 고흐의 그림을 빌려온 부분이 있죠. 그는 좋아하는 화가들로 고흐, 루소, 샤갈을 꼽습니다. 그 가운데서도 샤갈을 제일 좋아하는데 그의 그림에는 직선도, 중력도 없고, 물리의 법칙은 아예 창밖에 던져 놓았다는 점이 마음에 든다는군요.

개들과 고양이와 함께 지금 워싱턴 주의 한 섬에 살면서 해변을 산책하고 카약도 즐긴다는 대브 필키. 그는 여행을 하게 되면 늘 배가 아파서 견딜 수 없기 때문에 저자 강연 약속은 되도록 안 한답니다. 어떤 동물이 되고 싶냐는 질문에 하늘을 나는 원숭이가 되고 싶다는데… 원숭아, 떨어지지 말고 쭉… 그렇게, 엉뚱한 이야기를 많이 지어내렴.

Pat Hutchins

밝고 경쾌한 노란색의 작가

팻 허친즈

1942년 영국의 요크셔 지방에서 태어났습니다. 어려서부터 그림 그리기를 좋아해 화가가 되고 싶어 했습니다. 런던의 한 광고 대행사에서 일하다가, 남편 로렌스를 만나 결혼한 후 남편을 따라 뉴욕으로 이주했습니다. 1968년에 뉴욕에서 첫 작품 『로지의 산책』을 발표하면서 그림책 작가로 활동하기 시작했고, 1975년에 『바람이 불었어』로 케이트 그린어웨이 상을 수상하면서 세계적으로 유명한 그림책 작가가 되었습니다. 『티치』, 『바람이 불었어』, 『엄마, 놀다 올게요』, 『달가닥 쿵, 덜거덕 쿵』 등 많은 그림책을 만들었습니다.

* 일부 번역서에는 팻 허친스로 표기되었는데, 여기서는 팻 허친즈로 통일합니다.

어릴 때 늘 제 다리에 매달려 있던 딸애가 하는 말.

"엄마 다린 코끼리 다리 같아."

"뭬야?"

"근데 엄마, 나 코끼리 좋아해!"

사실 제 다리가 어른 눈에야 어찌 보이든, 아이 눈에는 어마어마한 '코끼리 다리' 같았겠지요. 멀리서 봤으면 기린 다리 같다고 했을지 모르나 딱 붙어서 봤으니 더 그럴 수밖에요. 보는 각도나 거리에 따라 크기가 왔다 갔다 하는 신기한 현상을 어린 아이의 입장에서 그린 책이 있습니다. 팻 허친즈의 그림책『점점 작게 점점 크게 *Shrinking Mouse*』를 펴 보지요.

봉긋한 숲 가장자리에서 저 밑에 보이는 논밭을 쳐다보고 있는 여우와 토끼, 다람쥐와 쥐가 나옵니다. 이들의 눈은 똑 '깎아 놓은 밤톨' 같네요. 하지만 그토록 똘똘한 눈으로 봐도 머리로 깨닫지 못하는 자, 땀 내어 몸에 새겨 두어야 하느니….

쥐가 보니까 저어기 맞은편에 있는 숲이 제 몸보다 작아 보이잖아요? 게다가 그 쪽으로 올빼미가 날아가는 걸 보자니, 여우 눈에는 올빼미가 점점 작아지는 것처럼 보이는 거여요. 에구머니나, 그러다가 올빼미가 아주 없어져 버리겠다 싶어 데리고 오려고 여우는 얼른 뒤쫓아 갔어요. 여우라고 별 수 있나요? 토끼 눈에는 언덕 밑으로 뛰어 내려가는 여우도 점점 작아져서 곧 사라질 것 같으니까 급히 뒤쫓아 내려갔죠. 차례차례 다람쥐와 쥐도 뛰어 내려갔는데, 어? 마지막으로 쥐가 내려가다 보니 맞은편 숲이 점점 커지고 있잖아요? 이번에는 자기가 자꾸만 작아진다는 생각이 들었죠.

『점점 작게 점점 크게』, 국민서관, 2005

도착해 보니 그 숲은 어찌나 크게 보이는지 쥐는 자기가 너무 작게 줄어들어 곧 없어질 것만 같다는 생각이 들었어요. 앗, 그런데 거기 이미 와 있던 다른 친구들을 만나 보니 다들 서로 몸이 그대로라고 그러잖아요? 그리고 자기들이 있던 원래 숲을 바라보니 이번엔 그게 아주아주 작게 보이는 거여요. 이 동물들은 자기네 집이 그만 작아졌다고 생각하고, 다시 급히 그 쪽으로 달려갔어요. 그런데 그 숲이 점점 커지네요? 이제 안심을 했는데, 올빼미가 다시 또 푸드득거리며 맞은편 숲으로 날아가는 거여요. 다들 올빼미가 작아진다고 걱정을 하니, 쥐의 한 마디.

"괜찮아. 다시 돌아오면 그대로일 거야."

시각에 따른 크기 변화를 효과적으로 나타내기 위해 작가는 이 그림책에서 왼쪽 그림은 크게, 사선으로 뻗어 가는 오른쪽 그림은 작게 배치해 놓고, 나머지 공간은 확실하게 여백으로 처리해서 시야를 시원하게 해 줍니다. 또한 연속적으로 세밀하게 그린 패턴으로 동물들의 털을 묘사하고 있지요. 등장인물들의 또록또록한 눈이 유난히 시선을 끄는데, '시각' 내지는 '시점'을 다루니 눈을 강조하는 것은 당연한 일.

다른 그림책에서도 팻 허친즈는 동물의 눈을 아주 똘망똘망하게 그리곤 합니다. 암탉과 오리와 거위가 바구니에 사과와 배 등 과일을 담아 소풍을 가지만, 즐겁게 노래하고 춤출 마땅한 장소를 찾는 동안 쥐와 다람쥐와 토끼가 몰래 살짝 바구니 속에 숨어 들어가 과일들을 쏙쏙 빼먹는 이야기를 담은 『우리 소풍간다! *We're Going on a Picnic!*』에서도 살짝 과일을 빼먹는 동물들의 눈은 야무지기 그지없습니다.

하지만 이 쥐와 다람쥐와 토끼가 마음먹은 것을 해내는 데 비해, 『로지의 산책 *Rosie's Walk*』에 나온 여우는 눈이야 야무지지만 그 눈에 걸맞게 행동하지 못하는군요. 고즈넉하고 평화로운 시골 동네의 암탉 로지는 산책을 나서지요. 그 뒤에는 호시탐탐 로지를 덮칠 기회만 노리고 있는 여우 한 마리. 로지의 걸음 하나라도 놓칠세라 여우는 눈을 요리조리 돌리며 감시하는데, 혀도 덩달아 바쁩니다. 얼마나 로지가 맛있어 보였으면 여우가 벌써부터 빨간 혀를 내밀고 입맛을 다시고 있을까요? 때가 드디어 왔나니, 마당을 가로질러 가는 로지를 덮치려고 펄쩍 뛰어오른 여우. 앗, 하지만 쇠스랑을 밟는 바람에 솟구친 쇠스랑 손잡이에 퍽, 얼굴을 맞습니다. 뒤에서 무슨 일이 벌어지는지 아무것도 모르고 로지는 유유하게 계속 걸어가지요.

이런 식으로 로지는 마치 조는 듯 눈을 거의 감다시피 하고 한가하게 계속 산책을 하고, 여우는 로지를 덮치려다 실패만 거듭하고 마침내는 벌집을 건드리는 바람에 벌떼에 쫓겨 멀리 도망가지요.

'across, around, over, past, through, under'의 개념을 익히는 데 아주 그만인 이 책은 작가의 첫 책이라고 믿어지지 않을 정도로 완벽한 유머와 재미있는 그림을 자랑합니다. 노란색이 주로 쓰여 전체적으로 분위기가 환한 데다, 주황색과 녹색(영어로 'forest green'이라고 하는, 카키색보다는 좀 더 밝은 쪽의 녹색)이 함께 어우러져 매우 환하고 따스하면서도 경쾌한 느낌이 듭니다. 또 나무나 닭 깃털, 닭 털, 여우 털, 농가의 지붕 등 대부분의 그림은 패턴을 이용했지요.

여우와 암탉의 눈은 선명하게 대비됩니다. 끊임없이 로지를 뒤쫓는 여우의 눈은 목표

물을 향한 강렬한 열망에 불타지만, 아무것도 모르고 천연덕스럽게 걸어가는 로지의 눈은 조는 듯, 조으는 듯, 몽롱하기만 하지요. 게다가 그렇게 안달복달 로지를 뒤쫓던 여우는 저녁거리 사냥에 실패하고 벌에게 쫓겨 갔건만, 로지는 무사히 산책을 마치고 '저녁밥 때 맞춰서' 자기 집(닭장)으로 들어가지요. 참으로 인생의 아이러니라 아니할 수 없습니다. 열심히 일한 자는 먹이가 없고, 한가하게 산책한 자는 먹이가 마련되어 있다니. 쯧쯧… 이것이 야생 동물과 가축의 슬프면서도 기쁜 차이점이기도 하지요. 여우야, 넌 대신 자유가 있잖니?

로지 책은 글이 아주 적어요. 영어 단어 32개뿐이거든요. 초고는 동물들의 소리에 대해 끝없이 이어지는 상당히 긴 글이었는데, 편집자인 수잔 허쉬만이 그 긴 글을 읽고 딱 한 줄에 대해서만 좋게 평가했다고 해요. 그것은 "얘는 여우에요. 여우는 절대 소리 내지 않지요." 그래서 팻은 원고를 다 뒤엎고 절대 소리 내지 않는 여우를 머릿속에 담고, 무성영화를 보듯이 이야기를 전개하기 시작했어요.

독자는 무슨 일이 일어나는지 알고 있지만, 주인공인 로지는 전혀 모르는 거죠. 그렇게 하면 훨씬 흥미진진할 거라고 생각했어요. 왜냐하면 독자는 아예 처음부터 그 농담에 참여할 수 있거든요. 독자는 비밀스럽게 아는 게 있는 거지요.[3]

암탉은 위험을 눈치채지 못하지만 보는 독자는 암탉에게 위험을 알려 주고 싶어 전전긍긍하게 되는 이 책은, 나오자마자 바로 미국도서관협회에서 뛰어난 책으로 뽑혔습니다. 첫 책으로 홈런을 친 팻 허친즈는 대체 어떤 사람일까요?

1942년에 영국 요크서의 노스 라이딩에서 패트리샤라는 이름의 여자 아기가 태어났습니다. 여섯 남매 중의 하나였죠. 구태여 동네 아이들과 놀 것도 없었어요. 같은 식구끼리만 놀아도 재미난 일이 꼬리를 물고 일어났을 테니까요. 그런데 그 동네는 군사 훈련 캠

프가 있는 곳이었어요. 사격 훈련을 하는 날, 사격 지역 안에서 자기 아이들이 돌아다니며 노는 것을 본 엄마는 기겁을 해서, 그 동네를 떠나야겠다고 마음먹습니다.

이 가족들은 그곳에서 5마일 떨어진, 들판과 숲으로 둘러싸인 아주 작고 조용한 동네로 이사를 했는데, 덕분에 이제 아이들은 몇 시간이든 안전하게 돌아다닐 수 있게 되었지요. 이곳에서 아이들은 까마귀, 비둘기, 흰 쥐, 고슴도치 등 온갖 종류의 동물들을 집으로 안고 오곤 했습니다. 또 이곳에서 팻은 스케치를 즐겨서 그림 솜씨가 날로 늘어 갔지요. 아이가 그림에 싹을 보인다는 걸 알게 된 이웃이 있습니다. 팻은 나중에 이 부부를 이렇게 회상했습니다.

어렸을 때 절 귀여워하던 노인 부부가 있었어요. 그분들은 제게 늘 그림을 그리도록 격려해 주었지요. 제가 그림 한 장을 그려 오면 초콜릿 바를 하나씩 주곤 했습니다. 물론 엄마도 절 칭찬해 줬지만 형편이 넉넉지 않아, 엄마 대신 부루스 씨 부부가 저한테 스케치 북과 연필들을 사 주곤 했고 작은 차에 태워서 스케치할 만한 풍경이 있는 곳까지 데리고 나갔어요. (…)그분들이 절 그렇게 아껴 주었고 제게 재주가 있다고 생각해 주셨기 때문에 전 정말로 잘 하려고 애썼고, 진짜로 책을 쓰고 그릴 수 있다는 것을 그분들께 보여 드리고 싶었어요.[4]

고마운 분들의 격려와 도움으로 재주를 갈고 닦은 팻은 장학금을 받으며 미술학교를 다닙니다. 1962년에 리즈 대학을 졸업한 이 '시골 쥐'는 예술가가 직업을 얻기에 그나마 가장 낫다는 런던으로 상경했지만, 첫 여섯 달 동안은 가게에서 시간제 점원으로 일해야 했습니다. 그다음에 제이 월터 톰슨이라는 런던의 광고회사에서 일하게 되었는데 바로 거기서 로렌스 허친스와 만나 1965년에 결혼을 하고, 남편이 뉴욕 사무실로 발령받는 바람에 삼 년 동안 뉴욕에서 살게 되지요. 시골 쥐는 두 번 상경한 셈이 되었어요. 런던으로 한 번, 문화의 도시 뉴욕으로 한 번. 커다란 사과(Big Apple 뉴욕의 별명)가 시골 쥐들에게 참 맛있어 보였을 거예요.

『티치』, 시공주니어, 1997

　뉴욕에서 팻은 그림을 들고 출판사 문을 두드립니다. 맥밀란 출판사가 그녀의 재능을 알아보고, 남의 이야기에 그림만 그릴 게 아니라 직접 글도 써 보라고 격려를 하지요. 그래서 만든 책이 바로 앞서 말씀드린 『로지의 산책』입니다. 행복하여라, 팻이여. 이 책이 나오고, 상 받고, 바로 두 주일 후에 런던으로 돌아가서 첫아들까지 낳았으니까요.

　그림책 작가에게 아이를 키우면서 얻는 경험만큼 중요한 게 어디 있겠어요? 끊임없이 이야깃거리를 끌어낼 수 있는 아이디어 보물 창고가 하나 마련된 셈이라고나 할까요? (그걸 그림책으로 구체화시키는 건 각자의 속힘 나름이지만.) 이제 그녀는 자기 가정에서 이야기 거리를 끌어내고 그림책으로 만들기 시작합니다. 그렇게 나온 책이 바로 『티치 Titch』.

　티치는 앞머리가 삐죽삐죽한 노란 머리 막내둥이입니다. 누나 메리는 티치보다 조금 더 크지만 그 '조금 더 크다'는 게 자랑스러운 나머지 뽐내는 표정을 하고 있네요. 형인 피트는 훨씬 더 커서 이 조무래기들이 가소롭다는 표정입니다. 그러니까 티치는 늘 형과 누나 뒤에 처져 있을 수밖에 없지요. 자전거를 타도 형은 큰 두 발 자전거를 타고, 누나는 약간 작은 두 발 자전거를 타지만 (여기서 보조 바퀴 달린 자전거를 그렸다면 어땠을까 하는 생각이 들었습니다.) 티치는 작은 세 발 자전거를 타고 '같이 가, 같이 가!' 하는 표정으로 언덕 저 밑에서 헉헉거리고 있죠. 형과 누나는 연을 높이, 드높이 날리는데, 쯧쯧… 티치는 겨우 바람개비를 돌리고 있어요. (여기서 제 아이와 저는 뒤집어졌습니다.) 형이 북을 치고 누나가 트럼펫을 불지만, 가여워라, 티치는 온 볼과 배에다 힘을 주고 열심히 분다는 게 고작 작은 나무 피리! (여기서 또 한 번 웃느라고 뒤집어졌습니다.) 형이 커다란 삽으로 흙을 파려 하고, 누나는 큼직한 화분을 낑낑대며 들고 올 때 티치는 자그마한 손에 아주 작은 씨앗을 하나 들고 있지요. 하지만 그림책의 묘미는 반전에 있는 것. 이 씨앗에서 떡잎이 나오더니 쭉쭉 자라서 마침내 형과 누나보다 훨씬 커지잖아요? 티치야, 넌 성공한거!

　막내들은 늘 다른 형제자매들에 비해 허술한 대우를 받는다고 느끼게 마련이죠. 왠지 늘 자기만 김밥 꼬다리 같다는 생각도 들고요. 저도 막내인데, 어렸을 때 '내 권리'를 주장하기 위해 머리를 굴리다가 마침내 생각해 낸 게 요런 말. "난 우리 집에서 하나밖에 없는 막내야!" 흠. 티치는 저보다 훨씬 순진한 것 같군요.

　티치 이야기는 작가의 아들들인 몰간과 샘이 모델이지만, 인물 그 자체는 맏아들 몰간이 모델입니다. (몰간과 샘이 2003년 기준으로 33살과 29살이라니 『티치』 책이 참 오래된 건데도 바로 올해 나온 책 같네요. 아이들의 이야기는 언제나 돌고 도는 것.) 그런데 작가의 친구들은 "아냐, 아냐, 티치는 샘이야. 샘 머리카락이 티치 것처럼 삐죽삐죽 솟구치잖아." 그런대요. 심지어 작가의 엄마까지 그런다네요. 딸의 항변은? "엄마, 내 아들이니까 내가 더 잘 아는 거 아뉴?"

　잘 아는 그 아들들을 그려낸 티치 책은 *Tidy Titch*(깔끔쟁이 티치) *Titch and Daisy*(티치와 데이지) 등의 시리즈로 이어지고, 마침내 텔레비전 만화로도 방영되게 되었지요. 'titch'는 원래 뚱뚱하고 작은 사람을 뜻하는 말이라네요.

팻은 사람을 그릴 때 통통하고 귀엽게 그리는 경향이 있어요. 1975년에 케이트 그린어웨이 상을 받은 『바람이 불었어 *The Wind Blew*』의 등장인물들이 다 그렇지요. 손수건을 날려 보내는 아줌마도, 가발을 날려 보낸 판사님도, 빨래감을 날려 보낸 아줌마도, 모자를 날려 보낸 새신랑도, 풍선을 날려 보낸 여자아이도, 연을 날려 보낸 남자아이도 모두 모두 토실토실합니다.

바람 책에는 정말 바람이 많이 붑니다. 가만히 있다가 서서히 부는 게 아니라 처음부터 몰아쳐서 나뭇가지들이 정신없이 휘늘어지지요. 팻은 이 책에서 같은 페이지에 다음 장면을 암시하는 작은 그림을 하나 끼워 넣습니다. 예를 들어 바람에 날아가는 우산과 파란 풍선과 모자와 연을 뒤쫓아 가는 사람들 그림 왼쪽에 보면 빨랫줄에서 빨래를 거두고 있는 아줌마가 나옵니다. 다음 페이지에서는 분명 이 빨래도 바람에 날아가게 되어 있지요.

팻 허친즈의 그림책치고는 색깔이 환하지 않은데, (그래도 노란색을 잊지 않았어요!) 배경이 바람 부는 흐린 날이다 보니 한 톤 낮은 색깔로 처리한 것 같습니다. 티치 책의 경우, 원본과 번역본을 비교해 보니 색깔 차이가 확연했어요. 우리나라 인쇄 기술로 원본과 99.9퍼센트 정도 (똑)같이 나올 수는 없나 싶어 안타까운 마음이 들었지요. 바람 책은 제게 원본이 없어 원래 색깔을 알 수 없었는데, 번역본의 색깔은 너무 밋밋하더군요. 그래서 좀 아쉬웠습니다. 또 아마존의 서평을 보면 글 자체가 라임 맞춰 씌어 재미있다고 하는데, 아시다시피 라임 맞춰 쓴 글은 번역하기가 난감하니, 이 바람 책 번역본에서도 예외는 아니었을 듯.

라임이 들어간 책으로 사랑을 받고 있는 것이 *Don't Forget the Bacon!*(베이컨도 꼭 사와!)입니다. 노란 머리 티치는 야무지게 생겼는데, 이 책의 노란 머리 소년은 약간 어리숙하게 생겼네요. 엄마가 절대 잊어버리면 안 된다는 야무진 표정으로 빈 바구니와 지갑을 건네며 아들에게 심부름을 시키지요. 번역하면 재미있는 라임을 넣은 글맛이 안 나니까 원문을 올립니다.

Don't Forget the Bacon!, Greenwillow Books, 1989

"Six farm eggs,
　a cake for tea,
　a pound of pears,
　and don't forget
　the bacon.

달걀 여섯 알,
차에 곁들일 케이크 한 개,
배 1 파운드,
그리고 잊지 마,
베이컨 사 오는 거."

기억력에 자신이 없는지, 이 아이는 처음부터 걱정스런 표정이군요. 다음 페이지에서 그만 토실토실한 다리들(legs)을 지나치는 아이, 'farm eggs' 대신 'fat legs'로 생각은 절로 흘러갑니다. 아이는 그 토실토실한 다리들을 그냥 지나가도 그만이겠지만, 멍멍이뿐 아니라 길동무가 또 하나 있었으니, 나비가 팔랑거리며 날아가는 쪽으로 멍멍이가 몸을 돌리고, 아이의 생각 또한 그쪽으로 흐르게 되는 거지요. 이 책의 심부름 내용은 이렇게 변주됩니다.

"Six fat legs,
　a cake for tea,
　a pound of pears,
　and don't forget
　the bacon."

무 다리 여섯 개,
차에 곁들일 케이크 하나,
배 1파운드,
그리고 잊지 마,
베이컨 사 오는 거.

> "Six fat legs,
>
>   a cape for me,
>
>   a pound of pears,
>
>   and don't forget
>
>   the bacon."

무 다리 여섯 개,

날 위한 망토,

배 1 파운드,

그리고 잊지 마,

베이컨 사 오는 거.

계단을 지나가면서 a flight of stairs로 바뀌고, 나비가 빨랫줄 쪽으로 가니 아이의 생각은 Six fat legs 대신 Six clothes pegs로 저절로 흐릅니다.

이번에는 갈퀴로 나뭇잎을 긁고 있는 아저씨 옆을 지나칩니다. 나비가 팔랑팔랑 날아가니 아이의 생각은 a rake for leaves로 흐르고, 나비가 가구점 앞에 내놓은 의자에 앉으니 'a pile of chairs'로 흘러갈 수밖에요. 결국 'Junk Shop(고물상)'에 가서 주문하길…

> "Six clothes pegs,
>
>   a rake for leaves,
>
>   and a pile of chairs,
>
>   please."

빨래집게 여섯 개,

갈퀴 하나,

의자 여러 개,

주세요.

고물상 아저씨가 의자들을 잔뜩 들고 아이는 갈퀴를 들고 바구니에 빨래집게를 담아 들고온 길을 되짚어 가게 되었지요. 가구점 앞을 지나며 갸우뚱, 계단을 올라가며 또 갸우뚱, 과일 파는 아줌마 앞에서 드디어 뭔가 깨달을 듯 말 듯한 이 아이, 결국 되짚어 차례차례 뭘 사야 했는지 깨닫고 바구니를 채워 오긴 했는데, 정작 베이컨은 잊어버리고 말았어요! 이 시점에서 나비는 할 일 다 했다는 듯이 천연덕스럽게 멍멍이의 코 위에 사뿐히 내려앉습니다.

다시 빈 바구니와 지갑을 들고 베이컨을 사러 가는 아이와 멍멍이의 뒷모습. 나비가 팔랑거리며 또 앞서 가고 있으니 이번엔 베이컨(bacon) 대신 어디로 마음이 흘러갈지 궁금하기만 합니다. 아마 도토리(acorn)를 주우러 다니지 않을까요?

아이의 생각이 나비 따라 팔락거리며 날아가는 내용도 무척 재미나고 노란색과 파란색이 페이지마다 환하게 책을 밝혀 주고 있어 보기가 즐거운 책입니다.

팻의 책 중에서도 유난히 재미난 책으로 꼽히는 것은 낮에 활동하는 동물들과 밤에 활동하는 동물들의 충돌을 표현한 *Good-Night, Owl!*(잘 자요, 올빼미!)입니다. 환한 대낮에 올빼미는 지그시 눈감고 잠자려 했지요. 그런데 벌들이 윙윙! 올빼미는 한쪽 눈을 슬며시 뜨고 못마땅한 표정으로 벌들을 힐끗 보았어요. 그런데 벌만 올빼미의 잠을 방해하는 게 아니었죠. 다람쥐는 오도독 도토리를 까먹고, 까마귀도 까옥까옥, 딱따구리는 따닥따닥, 찌르레기는 찌르르, 어치는 깍깍, 뻐꾸기는 뻐꾹, 울새도 삐익삐익, 참새들은 짹짹, 비둘기들도 구구구거리니 시끄러워 잘 수가 없네요. 그때마다 올빼미는 오른쪽 왼쪽 번갈아 눈을 떠보며 짜증을 내다가 그것들이 한꺼번에 합창을 하니 결국 두 눈을 번쩍! 그러다 밤이 되고 달이 떠오르자 사방이 고요해졌어요. 다들 고요히 잠이 들었지요. 올빼미는 힐끗 이들을 쳐다보다 장난기가 들었어요. 그래서 아오오오옥, 하며 큰 소리를 질러 모두를 깨워 버렸죠!

표지의 제목보다 면지의 제목이 더 재미나요. 팻은 표지는 노란색 바탕에 제목을 빨간색 활자로 했지만, 면지는 나뭇가지를 구부려 'GOOD-NIGHT OWL!'을 만들고 등장하는 새들을 각각의 글자 위에 앉혀 놓았지요. 노란색과 연두색이 어우러진 나뭇잎들과 밤하늘을 표현한 남보라색이 뚜렷한 대조를 이루는데, 마지막 장면에서 올빼미가 모두를 깨울 때는 별들마저 놀라서 나무 주변에서 노란색으로 깜박거린답니다.

이밖에도 운이 딱딱 맞아 경쾌한 『달가닥 쿵! 덜거덕 쿵!*Bumpety Bump!*』, 히긴스 아저씨가 우연히 다락방에서 오래된 시계를 발견한 뒤 시간이 맞나 보려고 다른 시계를 사 왔

『달가닥 콩! 덜거덕 쿵!』, 국민서관, 2007

다가 시간의 흐름을 깨닫지 못하고 자꾸만 시계를 사들이는 『자꾸자꾸 시계가 많아지네 Clocks and More Clocks』, 사냥꾼과 야생의 동물로 숫자 놀이를 할 수 있는 『사냥꾼 하나 1 Hunter』 등 재미난 책을 많이 만든 팻 허친즈는 런던에 있는 자그마한 스튜디오에서 일하고 있답니다. 그곳은 온갖 것들로 가득해요.

> 이곳은 정말 지저분하고 아주 난장판이에요. 온갖 이상한 것들로 가득하지요. 왜냐하면 온갖 것들을 참고해야 하니까요. 여기엔 없는 게 없을 거예요. 낡은 부츠, 망가진 낡은 장난감 등 온갖 폐품들이 있어요. 예를 들어, 난 신발을 잘 그리지 못해요. 기억에 힘입어 신발을 그릴 수 있을 것 같진 않으니 아예 작업실에 낡은 운동화를 두었지요. 그걸 쳐다보며 운동화들이 어떻게 생겼는지를 떠올릴 수 있도록 말이에요.[5]

어린이책을 만드는 일은 그녀를 늘 생기발랄하게 해 줍니다. 유난히 노란색을 좋아하는 팻은 늘 밝은 면을 보면서 살고 싶다는군요. 아이디어가 떠오를 때마다 이야기 얼개를 짜고 그림을 즐겁게 그리는 그녀는 이제 티치 책의 주인공이 낳은 아이를 손자로 둔 할머니입니다. 이제 그 손자가 행복하게 티치 책을 보고 있겠죠.

　생선과 콩을 즐겨 먹고, 텃밭 가꾸기와 책 읽기, 음악 듣기, 빅토리아 시대의 물건 모으기 등이 취미인 그녀는 지금 이 순간에도 머릿속에 아이디어가 팍팍 떠오르고 있다고 합니다. 손자라는 보물 창고가 하나 더 생겼으니 앞으로도 팻 할머니가 만든 즐겁고 재미난 책을 더 많이 볼 수 있을 것 같네요.

2

현실을 넘어
환상의 세계로

기 빌루   비네테 슈뢰더   크리스 반 알스버그   앤 조나스

배경 그림ⓒ기 빌루

Guy Billout

달이 차오른다, 가자!

기 빌루

1941년 프랑스에서 태어났습니다. 파리에서 광고 일을 하다가 1969년 뉴욕으로 건너가 일러스트레이터 생활을 시작했습니다. 『애틀랜틱』,『뉴요커』,『뉴욕 타임스』,『월스트리트 저널』,『워싱턴 포스트』 같은 이름난 잡지에 그의 그림이 실렸습니다. 『바다가 보고 싶었던 개구리』와 『꿈꾸는 소년의 짧고도 긴 여행』을 비롯한 여덟 권의 그림책에 글을 쓰고 그림을 그렸으며, 그 가운데 다섯 권은 『뉴욕 타임스』에서 선정한 '올해 최고의 그림책 10' 목록에 올랐습니다.

* 프랑스어 발음으로는 기 비유인데, 우리나라에는 영어식으로 기 빌루로 소개되었어요. 이 글에서도 기 빌루로 통일합니다.
* '달이 차오른다, 가자'는 장기하와 얼굴들의 노래 제목입니다. 기 빌루의 그림책과도 절묘하게 어울려서 이 글의 제목으로 삼았습니다.

오래전, 지리산 종주를 하고 내려오는 길에, 선배가 물었습니다.

"지금 다시 또 올라가라고 하면 올라가겠니?"

헉, 물집까지 생겨 가며 걸었던 그 산길을 또 다시 걸으라니!?

"아아…, 지금은 못 가겠어요. 일주일쯤 후라면 몰라도."

천왕봉의 장대한 해맞이나 톡 치면 도르르 굴러 내려갈 것 같던, 산 능선에 붙어 있던 노오란 보름달이 준 기쁨은 황홀했지만, 무거운 배낭 메고 헉헉거리며 올라갔다가 후들거리며 내려온 그 산길을 일주일은커녕 25년이 지나도록 도로 올라가 본 적이 없습니다. 배낭도 새로 사고 등산화도 갖췄는데 말이지요.

기 빌루의 『바다가 보고 싶었던 개구리 The Frog Wanted to See the Sea』에서 앨리스는 산 대신 바다로 향합니다. 뒷다리로 스물여덟 번 발길질하면 빤히 다 닿는, 구석구석 익숙하고 평화로운 작은 연못에서 별일 없이 잘 살고 있다가 갈매기가 해 주는 바깥세상 이야기, 그중에서도 끝이 안 보이는 너른 바다 이야기를 듣고 큰 결심을 한 거지요. 가볍게 연잎 한 장 돌돌 말아 쥐고 떠나는데, 보통은 바다까지 가는 엄청난 모험이 그려지고 마침내 도달한 바다를 마지막으로 해서 끝나겠지만 이 책은 좀 다르군요. 가는 과정은 짧게 묘사되고 바로 목적지가 등장하지요.

도로를 건너고 강을 지나며 수련 잎 위에 누워 자던 앨리스가 눈을 떠 보니 온통 파란 물결! 고개를 돌려 봐도 시야를 가로막는 기슭이 보이지 않자 앨리스는 자신이 드디어 건너편이 보이지 않을 만큼 넓은 바다에 온 것을 깨닫지요.

그러나 아무리 바라고 바라던 것이라 해도 낯선 것이란 기쁨과 두려움을 불러일으키기 마련. 이 작은 개구리가 간절히 원했던 바다는 거친 바람과 험한 파도가 목숨을 위협하는 무시무시한 곳입니다. 파도에 지치고 집이 그리워진 앨리스는 울기 시작합니다. 그때 달이 도와주지요. 달그림자 속으로 들어간 앨리스는 덕분에 순식간에 연못으로 돌아옵니다.

이야기가 여기서 끝나면, 세상엔 집만한 곳이 없다는 홈, 스위트 홈이겠지만 어느 봄날, 앨리스는 바다에서 돌아온 이래 백 번째로 달을 떠올립니다. 모험을 해 보았던 이 개구리에겐 익숙한 연못의 안정감이 오히려 불안정했던 것이지요. 봄이 가고 여름이 되자 앨리스는 두 번째로 연못에서 사라집니다. 그리고 바다에서 신 나게 파도타기를 하고 있는 게 마지막 장면입니다.

작가는 이 책에서 기쁨과 두려움을 말합니다. 첫 모험이 주었던 기쁨이 제아무리 컸다 한들, 목숨이 왔다 갔다 하는 두려운 경험을 해야 하는 것을 안 뒤라 또다시 떠나려고 마음먹기란 참 어렵겠지요. 그 장면에서 작가는 앨리스가 연잎을 타고 바다행 직행 티켓인 달그림자 안으로 들어갈까 말까 고민하는 장면을 보여 줍니다. 기쁨을 택할 것인지 두려움 때문에 작은 연못 속에 안주할 것인지 달이 백 번이나 떠오를 때까지 고민을 하는 개구리를 보면 장기하와 얼굴들의「달이 차오른다, 가자」라는 노래가 생각납니다.

> 모두 잠든 새벽 네 시 반쯤 홀로 일어나
> 창밖에 떠 있는 달을 보았네
> 하루밖에 남질 않았어
> 달은 내일이면 다 차올라
> 이번이 마지막 기회야
> 그걸 놓치면 영영 못 가[6]

떠날 때를 또 놓칠 수 없어 달그림자 속으로 한 발 들여놓는 두 번째 떠남에는 첫 떠남과 달리 비장함마저 감돌지요. 개구리의 이름마저 묘하게『이상한 나라의 앨리스』와 같

『바다가 보고 싶었던 개구리』, 열린어린이, 2008

지만, 소녀 앨리스는 우연히 굴속에 빠져서 이상한 나라로 가는 데 비해 개구리 앨리스는 스스로 마음을 다잡고 떠난다는 데 차이가 있지요. 두려움을 알기에 첫 번째 떠남보다 두 번째 떠남이 더 힘들었지만, 이제 이 개구리는 둥근 달이 지켜보는 가운데 작고 동그란 연잎을 타고 더욱 큰 기쁨을 누립니다.

첫 모험에서의 파도 그림과 두 번째 모험에서의 파도 그림은 확연히 비교가 되는군요. 첫 모험에서 앨리스는 엄청난 파도의 벽 말고는 아무것도 볼 수 없었는데, 두 번째 모험에서는 뒤이어 오는 다른 파도들도 보고, 하늘과 둥근 달까지 보는 여유를 누리고 있으니 말이지요. 앨리스는 모험을 거듭할수록 여유롭게 더욱 많은 것을 즐기겠지요.

작은 개구리의 연이은 출가를 그린 이 책은 기 빌루라는 프랑스 작가가 그린 거랍니다. 이 책의 그림은 매우 조용하고 서정적이며 세밀하면서도 일정한 색상을 드러내지요. 기 빌루는 어렸을 때 「땡땡 Tintin」이란 연재만화를 보면서 작가인 에르제의 평면적인 색상 표현에 깊은 영향을 받았다고 해요.

정확하고 꽉 찬 듯한 색조가 좋아 에어브러시를 즐겨 쓴다고 하는데, 이 책에 나오는 하늘이나 연못의 물색을 보면 잔잔하면서도 명확하고 한 치의 어긋남이 없이 밀도 높은 효과가 느껴지지요. 또한 그는 일본 목판화에서 느껴지는 부드러움이 매혹적이라고 말해요. 개구리가 연잎을 타고 파도타기 하는 장면은 큰 파도의 위치만 바꾸었을 뿐, 가쓰시카 호쿠사이의 목판화인 「가나가와 앞바다의 파도」와 매우 비슷하지요.

책은 미국에서 나왔지만, 기 빌루는 프랑스 인이에요. 1941년 7월에 프랑스의 중부 도시 드 시즈에서 태어나 부르군디에 있는 미술학교를 나온 뒤, 파리의 텔레비전 방송국 애니메이션 부서에서 처음 일을 시작했어요. 알제리에서 18개월 동안 군 복무를 한 뒤, 다시 파리로 돌아와 광고회사에서 인턴으로 일을 시작했지요. 주로 타이포그래피 작업과 활자 식자를 하면서 스스로 포스터 쪽으로는 별 소질이 없다는 것을 깨달았어요. 그 무렵은 1968년 파리 학생 운동이 일어난 직후라서 사회적, 정치적으로 격동적인 시기였어요.

기 빌루 역시 시위나 회의 등에 따라다녔어요.

그러던 어느 날, 기 빌루는 광고회사에 사직서를 냅니다. 작은 연못에서 큰 바다로 나가고 싶었거든요. 20대란 익숙하고 편안한 곳이 불안하기 마련이고, 이 젊은이도 예외는 아니었던 거지요. 광고 시장에서는 미국, 그것도 뉴욕이 가장 중요했기에 그는 '빅 애플'이라는 별명을 가진 뉴욕으로 갈 결심을 합니다. 회사 동료가 그에게 일러스트레이션 쪽으로 분야를 바꿔 보라며, 뉴욕에 가고 싶어 하는 프랑스 인의 바람을 다룬 이야기를 포트폴리오로 만들어 보라고 조언을 했지요. 기 빌루는 이 내용으로 자전적 일러스트레이션 열네 장을 그립니다. 재미있는 것은 막상 떠나려니 두려움이 일어 기 빌루가 빠른 비행기 대신 달팽이처럼 느리게 가는 배를 탔다는 점이지요. 그가 삶에서 느끼는 '두려움과 기쁨'은 앞으로 그의 일러스트레이션과 그림책에 뚜렷이 드러나는 주제가 됩니다.

배 덕분에 일주일간의 완충 기간을 거쳐 도착한 뉴욕에서 그는 『뉴욕』지의 아트 디렉터인 밀튼 글레이저를 만납니다. 기 빌루는 그때의 기분을 '마치 교황을 만나는 것 같았다.'라고 표현하지요. 뉴욕의 일러스트레이션 시장을 좌지우지하는 이 교황 성하는 뜻밖에도 기 빌루의 포트폴리오를 마음에 들어 했고, 다섯 페이지에 걸쳐 그의 그림을 실어 줍니다. 뉴욕에 갓 떨어진 새내기로서 대단히 산뜻한 출발이지요? 기 빌루는 20대 젊은 시절에 1년 예정으로 갔던 그곳에 70세가 다 되도록 붙박이로 살며 이 도시의 수직성과 빛과 그림자의 극명한 대조를 사랑하게 됩니다.

나는 뉴욕을 사랑합니다. 뉴욕은 내가 꿈꾸던 수직성을 확인시켜 주었지요. 이 도시의 고층 빌딩과 그 사이의 골들을 난 정말로 사랑합니다. 특히 거리가 옛 유럽 도시처럼 뻗어 있는 월 스트리트를 사랑합니다. (…) 예술가로서 보기에, 뉴욕은 파리가 주지 못한 것을 줍니다. 물론 나는 파리를 사랑합니다. 그러나 뉴욕의 빛은 정말 대단하지요. 햇빛과 그늘이 굉장한 대조를 만들어 냅니다. 놀랍기 그지없어요. 두렵다고 가지 않는 일은 없어야 한다고 나는 말하고 싶습니다.[7]

그가 뉴욕에서 배운 날카로운 수직성은 마냥 뾰족하지만은 않아요. 그림에서 잔잔하고 고요하게 표현되거든요. 개구리 앨리스가 바다로 향할 때 건너던 도로의 가로수는 수직으로 쭉쭉 뻗어 있지만 매우 고요합니다. 그러다가 톡, 고요한 것들 중 하나에 살짝 변형을 주어 세상을 뒤바꿔 버리는 취미를 이 작가는 가졌지요. 영어 표현 중에 'The devil is in the details(악마는 사소한 곳에 있다).'라는 말이 있어요. 아주 작고 대수롭지 않아 보이는 게 큰 문제를 일으킬 수 있다는 뜻인데 기 빌루의 그림마다 어딘가 아주 사소한 곳에 악마가 숨어 있지요. 『꿈꾸는 소년의 짧고도 긴 여행 Journey』의 가로수들 역시 수직으로 고요히 서 있지만, 첫 번째 나무를 도끼질함으로써 고요한 수직성은 아무도 느끼지 못하는 새에 무너지고 말 운명이지요.

부드럽고 평면적인 색상 표현과 고요한 수직성, 그러면서도 작은 변형으로 일상적 풍경을 순식간에 뒤엎어 버리는 그의 스타일을 좋아하는 아트 디렉터들 덕분에 그는 일할 기회를 여러 번 얻었습니다. 『뉴욕』지 이후, 『레드 북』에도 그림을 싣게 되었고, 자신의 이야기를 담아 그려 보라는 할란 퀴스트 출판사의 의뢰를 받고 첫 그림책 Number 24(24번 버스)를 냅니다.

이름 모를 남자가 가방을 들고 24번 버스 정류장에 서 있습니다. 그저 일상적인 풍경이지요. 하지만 이 일상을 뒤엎는 사건들이 꼬리를 물고 일어납니다. 운전자 없는 차가 지나가다 갑자기 나타난 기관차에 부딪힐 뻔하고, 제1차 세계 대전의 탱크가 저쪽에서 오다가 교차로에서 철갑옷 차림의 기사들에게 부딪히며 뒤집혀 버립니다. 양 날개를 붕붕거리며 하늘에서 날던 작은 비행기가 거대한 프로펠러를 가진 비행기에 부딪히는 등 황당한 사건은 계속 일어나지요. 그러다 24번 버스가 도착합니다. 연이은 사고를 목격한 남자는 겁을 내며 조심조심 버스에 오릅니다. 버스는 떠나지만 어떤 상황이 벌어질까요? 표지를 보면 교차로에서 24번 버스가 다른 버스와 부딪히는 그림이 나옵니다.

「뉴욕 타임스」의 서평에 따르면 이 책은 '마그리트의 회화성이 가득한 수수께끼 같은'

책입니다. 사실 저는 책을 보지 못하고 동영상을 보았습니다. 파리의 한 애니메이션 스튜디오에서 *Bus 24*라는 제목으로 낸 동영상 버전은 '책을 변화시키고, 확장하고, 의미를 더욱 깊게 만들고, 전자 기술과 어쿠스틱 및 디지털 기술을 결합한 음악'으로 새로운 종류의 '서사적 톤'을 만들어 냈다고 하는데, 제가 보기엔 '무한 긴장'의 연속입니다. 한 사건과 그 다음 사건 사이는 고요하고 작은 차량과 비행기는 한가롭게 천천히 다가오지만, 이미 앞서의 사건을 목격한 독자의 마음은 긴장감과 두려움으로 팽팽해질 수밖에 없지요.

기 빌루는 왜 '24'라는 숫자를 썼을까요? 우리의 하루가 24시간이라는 데 착안하지 않았을까요? 우리의 삶을 송두리째 뒤엎어 버리는 위험이나 재앙은 24시간 중 언제 일어날지 모르는 것이지요. 그래서 *Bus 24*를 보고 나면 세상이 두렵고 허망해집니다.

기 빌루는 이 책의 아이디어를 하인리히 호프만의 『더벅머리 페터 *Der Struwwel-peter*』에 실린 그림에서 얻었다고 해요. 그 책을 보면 엄마가 아이에게 자꾸 손가락을 빨면 커다란 가위를 든 남자가 나타나 손가락을 잘라 버릴 거라고, 윽박지르는 장면이 나옵니다. 그러자 갑자기 거대한 가위를 든 남자가 등장해서 아이가 깜짝 놀라지요. 그 그림을 보고 기 빌루는 버스를 기다리는 사람이 온갖 무시무시하고 불길한 상상을 하는 내용을 떠올리며 그림책으로 엮었답니다. 자신은 어렸을 때 마녀나 뱀, 용, 어린이들, 굶주린 식인귀 따위로 가득 찬 괴기스런 동화책을 좋아했다면서요.

지금도 세상이 무섭고, 항상 어떤 끔찍한 일이 벌어질 것만 같아 두렵다고 고백하지만, 그런 감정들이 그의 그림에서 활화산처럼 표현되는 일은 없습니다. 감정을 절제하는 편이고, 유머를 통해 공포를 누그러뜨려야 한다고 생각하기 때문이라고 합니다.

어린 시절의 공포란 상상 속에서 만나는 것이니 피할 수도 있지만, 어른이 되어서 만나는 공포 중에서 가장 끔찍한 것은 지극히 현실적인 '밥벌이의 두려움' 아닐까요? 기 빌루는 자기 일의 불안정성과 두려움을 이렇게 표현합니다.

다른 예술가들과 말할 때 우리는 두려움에 대해서는 별로 말하지 않아요. 하지만 이야기를 많이 하다 보면, 모두들 일거리가 없을까봐 불안해하는 것을 알 수 있지요. 나는 이 직업에 모든 것을 걸었는데, 내가 예술가인 것 외엔 아무것도 아니라는 게 두려워요. 그건 정말 끔찍해요. 만약 상황이 나빠지면 대체 뭘 할 수 있겠어요? 심지어, 지금 그림을 보내면서도 나는 불안해요. 우리가 얼마나 불확실하게 사는지 참 기막힌 일이에요. 차라리 앞일을 예측할 수 있는 버스 운전사가 되는 게 낫겠다는 생각이 들 때도 있어요.[8]

두려움에서 그를 구제해 준 것은 가끔이나마 들어오는 일거리와 작업하며 느끼는 놀라운 기쁨이었어요. 『뉴욕』에 실으려고 센트럴 파크를 그릴 때였죠. 그때까지 기 빌루는 매우 양식화되고 단순한 방식으로 나무를 표현했고, 잡지사에서는 그 방식을 좋아하지 않았어요. 그런데 그는 나뭇잎을 관찰하면서 구조에 매료되었고, 센트럴 파크의 나무들과 건물들을 사진 찍기 시작했지요. 그리고 그 사진의 선을 따라 그림을 그리기 시작합니다.

다행히 『애틀랜틱』에서 기 빌루의 새로운 스타일을 좋아해서, 일 년에 6회, 풀 페이지로 그의 작품이 『애틀랜틱』에 실리게 됩니다. 제가 최근에 본 것은 힘을 잃고 있는 미국의 자동차 산업에 대한 그림인데, 세차장에서 세차를 끝내고 나온 커다란 차가 장난감 차로 변해 있는 내용이었지요. 전체적으로 이 작가가 무슨 말을 하려는지 금방 파악이 되는 그림들도 있고, 고개를 갸우뚱하게 되는 그림들도 있어요. 그중에서 의도가 선명한 작품 몇 개를 보도록 하지요.

「*Mimesis* 모방」은 비행기 활주로에서 이륙하기 시작하는 무거운 비행기와 잔디밭에서 놀고 있는 비둘기들을 보여 줍니다. 요즘 비둘기들은 멀리까지 제대로 날지 못하지요? 일명 닭둘기라고 하는 것들 말이에요. 그림을 보니 닭둘기 발에 작은 바퀴가 달려 있군요. 비행기는 새를 모방해서 씽하고 날아가는데, 막상 새는 제 것이었던 비상을 잊고, 이제야 비행기를 모방해 바퀴를 달고 있으니 그 역설적 풍경이 대단한 작품이지요.

인간이라면 대개 공감하겠지만 우리는 어떤 일을 할 때 '마감' 시간이 필요합니다. 아니면 끝도 없이 늘어지게 되지요. 기 빌루 역시 작업을 진행시킬 어떤 시스템과 압박이

필요하다고 고백합니다. 자기가 요즘 책을 만들고 있는데, 계약서도 없고 마감일도 없으니 언제 마칠지 알 수 없다면서요. 그의 일러스트레이션 중 「Writer's Block 작가의 장애」를 보면 꼼짝없이 막혀 버린 글쓰기 혹은 그림 그리기가 댕강 끊어진 폭포 줄기로 표현되지요. 기 빌루는 이런 식으로 살짝 변화를 주는 것을 좋아하지요. 물줄기란 늘 이어지는 거라는 고정관념을 살짝 비틀어 끊어 버리거나, 건물 벽을 비추는 서치라이트는 그 벽에서 끝나야 하는데 건물을 통과해서 맞은편 벽까지 꿰뚫는다거나 하는 식으로 바꿔서 전혀 새로운 이미지를 만들어 냅니다.

그런 이미지들을 모아 글이 거의 없는 그림책으로 꾸민 것이 『꿈꾸는 소년의 짧고도 긴 여행』이지요. 이 책은 기차를 타고 여행하는 소년의 상상 여행입니다. 기찻길은 재미있는 장치로군요. 일직선으로 쭉 뻗어 있는 기찻길을 따라 상상도 뻗어 나갑니다. 기차역에서 부모와 작별을 나눈 소년은 기차를 타고 가며 하염없이 창밖을 바라보지요. 왼쪽은 주인공이 기차 안에서 창밖을 내다보는 장면이 배치됩니다. 짤막하게 날짜와 장소가 나오는군요. 이에 비해 오른쪽은 그 창밖 풍경이 상상 속에서 기발하게 펼쳐진 장면을 보여 줍니다.

창밖에 보이는 커다란 철교는 비어 있지만, 오른쪽 그림에서는 공룡들이 뛰어 건너고 있지요. 5월의 들판을 지날 때 토가 차림에 샌들을 신은 남자가 들판 속으로 걸어가는 장면은 평범하지만, 8월 13일, 푸른 달 장면은 매우 신기하군요. 짐승들이 시내를 건넙니다. 하지만 시냇물 위로 건너는 게 아니라 물을 들추고 가는군요. 물을 건너려면 누구나 위로 절벅거리며 가든가, 헤엄을 치든가, 배를 타든가 하는 장면을 당연시 여기는데, 기 빌루는 그것을 살짝 바꿉니다. 마치 카펫 속으로 들어갔다 들추고 나오듯이 물을 건너는 것으로 그려 냈으니까요.

배가 대양 속의 폭포를 향해 나아가다 곧 떨어질 지경인데, 배에 탄 사람들은 하릴없이 바다 속으로 몸을 던집니다. 물의 진행 방향을 보건대, 자신들도 곧 휩쓸려 폭포로 떨어

『꿈꾸는 소년의 짧고도 긴 여행』, 마루벌, 2007

질 게 훤한데도 잠시라도 죽음을 뒤로 미루고 싶은 그 심정. 아, 그런데 이게 웬일입니까, 사람들이 뛰어내린 물은 매우 얕아, 어떤 이는 (헤엄치는 게 아니라) 뛰어 도망가기까지 하는군요. 전혀 위험하지 않은 배에서 사람들은 탈출합니다. 대양 속에 폭포가 있다는 것조차 (물론 대양이 아니라 오대호처럼 수평선이 보이는 큰 호수일 수도 있지만) 엉뚱해 보이지만, 배 자체가 전혀 위험하지 않은 상황인데도 사람들이 오해하고 달아나는 모습을 보며 사람들이란 제 생각에 겨워 현상을 엉뚱하게 받아들이는구나, 하는 생각이 듭니다.

2월 22일 계단 그림에서 초병들은 계단을 따라 부동자세로 서 있지만, 계단이 끝나는 콘크리트 바닥의 병사들은 위에 서 있는 게 아니라 점차 푹 들어가 있습니다. 작가는 무엇을 말하려는 것일까요? 6월 8일의 강가에는 가로수가 줄지어 있지만, 오른쪽 장면에서는 도끼질에 나무 하나가 베어집니다. 이제 곧 도미노처럼 나무들이 줄지어 쓰러질 게 예상되나, 남녀는 아무것도 모른 채 한가로이 산책하고 있습니다. 우리가 사는 삶이란 어느 날 갑자기 뜻하지 않은 일이 생기는 법. 어린 독자들은 이 그림을 보고 어떤 생각을 할지 궁금하군요. 먹이 사슬을 따라 점점 큰 물고기들이 따라 올라오는 낚시 같은 신기한 그림이 이어집니다. 1월 30일 한밤중, 소년에서 머리가 새하얀 노인으로 된 주인공은 일어나 가방을 챙기고 내릴 준비를 합니다. 그리고 3월 11일 대서양 장면, 기찻길은 대서양 바로 앞 벼랑에서 끊어지고, 노인은 지팡이를 짚고 바다를 바라보며 서 있군요.

표지로 돌아가 보면, 바닷가에 나와 있던 사람들이 모두 저 멀리를 바라보고 있습니다. 기차가 대서양을 향해 계속 가고 있거든요. 철길도 없는 공중을 따라 달리는 기차란 무슨 뜻일까요? 1984년에 뉴욕의 쉴러 와프너 갤러리에서 열린 자신의 일러스트레이션 전시회 포스터용 스케치를 보면 그 뜻을 알 수 있습니다.[9]

한 청년이 구름 너머 하늘에서 외줄 타기를 하고 있습니다. 우리나라의 줄타기 장면과 비슷한 것 같지만, 뚜렷하게 다른 점은 시작과 끝이 명확한, 이미 존재하는 줄에서 노닐고 있는 게 아니라, 허공에 스스로 줄을 그어 가고 있다는 점이지요. 앞일은 알 수 없는 삶에서 자기가 줄을 그어 가며 인생의 외줄 타기를 하는 청년은 『꿈꾸는 소년의 짧고도

1984년 쉴러 와프너 갤러리에서 열린 자신의 전시회를 위한 그림 ©기 빌루

긴 여행』에서 벼랑 너머 기찻길 없는 곳을 달리는 기차와 똑같지요. 외줄을 타며 느끼는 살 떨리는 긴장감과 두려움, 그러나 오로지 자신만이 느낄 수 있는 기쁨! 바로 이것이 삶의 본질 아닐까요?

『꿈꾸는 소년의 짧고도 긴 여행』이나 『바다가 보고 싶었던 개구리』 Something's Not Quite Right (뭔가 잘못된 것 같아) 등 그의 그림책 중 다섯 권은 「뉴욕 타임스」에서 선정한 '올해 최고의 그림책 10' 목록에 올랐고, 특히 『바다가 보고 싶었던 개구리』는 매우 높은 평가를 받았습니다. 때론 그의 책이 어린이용이 아니라 성인용이라고 비판받는 일도 있었지요. 그림책을 오로지 어린이용이라고 붙박는 일부 평자들의 편협함에 대해 기 빌루는 기 빌루는 자기 책의 독자층을 어린이로 생각하지 않는다고 말합니다. 자신은 분위기나 감정을 표현할 뿐이라고 하지요. 그러면서 성인과 어린이가 별개인 양 생각하는 것은 옳지 않다고 덧붙이지요.

계약서도 없고, 마감도 없는 인생. 그래도 책을 만들고 있다는 그가 외줄을 조금만 더 그어 아주 괜찮은 책을 만들어 주면 좋겠습니다. 보름달이 차오를 때마다 백 번도 넘게 머뭇거리다가 마침내 두려움과 기쁨에 마음 졸이며 달그림자 안으로 발을 슬며시 들여놓았던 개구리 앨리스처럼.

Binette Schroeder

꿈결 같은 환상의 세계

비네테 슈뢰더

1939년 독일 함부르크에서 태어났습니다. 스위스의 바젤의 디자인학교에서 타이포그래피, 석판화, 사진을 공부했습니다. 학교를 졸업하고 한동안 사진 작가로 일했습니다. 스위스 출판사 노르드-쥐드 사장의 눈에 띄어 그림책을 내게 되었습니다. 작품으로는 『악어야, 악어야』, 『플로리안과 트랙터 막스』, 『개구리 왕자』, 『보름달의 전설』, 『껑다리 기사와 땅딸보 기사』 등이 있습니다. 남편 페터 니클이 글을 쓴 『악어야, 악어야』는 1975년 스위스의 가장 아름다운 책으로 선정되었습니다.

비네테 슈뢰더가 그린 고혹적인 악어를 본 적 있나요? 꽃으로 장식한 노란 밀짚모자를 갸우뚱 쓰고 가느다란 파이프 담배를 피우는 날씬한 이 악어는 살포시 벌린 입속까지 매혹적인 꽃분홍색이군요. 그런데 저 멀리 피라미드와 스핑크스가 보이네요. 이집트에 사는 악어인가 봐요? 맞아요. 이 악어는 원래, 태어난 모습 그대로 나일 강가에서 살던 악어였어요. 그런데 어쩌다가 이토록 근사하게 변신한 것일까요? 표지의 액자 안에서 악어는 치명적인 유혹을 풍기면서 이제부터 이야기를 시작하는 것 같아요. 그러나 입속이 꽃분홍색이란 게 매혹적으로 보이지만 한편으론 겁도 나네요.

강가에서 한가하게 쉬던 악어는 어느 날, 두 귀부인이 "악어 가게에는 근사한 물건이 정말 많아!"라고 황홀한 목소리로 말하는 것을 스쳐 듣고는 귀가 번쩍 뜨이죠. 이 장면의 연잎을 보세요. 마치 스피커처럼 생기지 않았나요? 악어가 귀부인들의 소리에 귀가 번쩍 뜨이는 것을 스피커 모양 연잎으로 재치있게 묘사했어요. 게다가 연꽃은 이집트의 상징이랍니다. 자, 이제 악어는 부푼 마음으로 배도 타고 기차도 타고 멀리멀리 파리 샹젤리제에 있는 악어 가게를 찾아가요.

그런데 이게 웬일? 악어가 쓸 만한 멋진 물건이 아니라 악어가죽으로 만든 물건만 그득하지 뭐예요? 아름다운 악어가죽으로 이토록 끔찍한 물건을 만들다니! 화가 난 악어는 점원을 한입에 삼켜 버리고 마음에 드는 것들을 챙겨서 나일 강으로 돌아갔는데, 그 뒤로 나일 강에는 모자와 양산을 쓰고, 비단 스카프도 걸치고, 은은한 향수 냄새를 풍기는 멋쟁이 악어들이 많아졌다는 이야기.

내가 만약 어느 가게에 갔는데 사람 가죽으로 만든 물건이 여기저기 전시되어 있다면? 악어 대신 사람을 대입하면 악어가 악어 가게에서 치를 떠는 게 100퍼센트 이해되지요. 그런

『악어야 악어야』, 비룡소, 1997

데 마무리가 매우 뜻밖이죠? 작가는 악어가 나중에 멋쟁이로 변신할 실마리들을 여기저기 흩어 놓았어요. 속지 그림은 미술관 같은 분위기인데, 악어가 마치 미술관에 걸린 그림들을 보듯이 빨간 꽃이 화려한 꽃병 그림을 보고 있지요. 또한 나일 강가에서 쉴 때도 악어는 꽃 한 송이 발가락 사이에 끼우고 감상하고 있답니다. 나름 미적 감각을 추구하는 악어지요?

종려나무(대추야자나무)도 다양한 변주를 하고 있어요. 속지에서는 미술관 기둥이 종려나무 문양으로 조각되어 있지요. 다음 장에서는 종려나무가 나일 강가에 뿌리내리고 악어와 새에게 시원한 그늘을 나누어 주고 있어요. 하지만 파리 샹젤리제 거리의 카페에서는 그 나무가 화분에 심어져 있네요. 자연에서 마음껏 자라던 나무가 도시에 와서 조그만 화분에 홀로 담겨 구부러진 채 답답한 생활을 하고 있어요. 그러다 멋쟁이 악어들이 나오는 마지막 장면에서는 나일 강의 시원한 바람을 쐬며 한껏 키를 펴지요.

파리행 기차 장면은 매우 사실적이면서도 한편으론 초현실적인 야릇한 구성을 하고 있네요. 기차는 철길과 바퀴의 차가운 쇠 맛이 느껴질 정도로 극사실적으로 묘사되고 있지만, 거기 난데없이 초록색 악어가 타고 창밖을 구경하는 모습은 전혀 다른 세상 모습이지요. 그리고 화면을 분할해서 기차 아래쪽으로 에펠탑이 보이는데, 이것을 일러스트레이터 박영신은 이렇게 분석합니다.

> 마르세이유에서 파리로 가는 기차를 탄 악어를 그린 11·12쪽은 아주 독특한 화면을 보여 준다. 열차 칸을 옆면으로 정확히 보여 주는데 기차 레일과 바퀴 뒤로 에펠탑이 보인다. 정확히 설명하자면 에펠탑으로 대표되는 파리와 파리 근교, 양과 양치는 할아버지까지 보인다. 파리의 하늘이 악어가 탄 기차 밑에 배치되어 있는 꼴이다. 악어가 갈망하는 도시가 기차 아래로 보이는 것은 앞으로 이야기가 전복될 것이라는 복선을 깔고 있는 시각적 표현처럼 보인다. 기차의 바퀴와 힘의 전달기관이 정밀묘사로 그려 있는데, 너무 세밀하게 그려져 앞에서 설명한 반투명기법처럼 역시 초현실적이다.[10]

카페 장면을 보면 악어가 점원을 잡아먹는 결말을 짐작하게 하는 복선이 깔려 있지요. 이 장면에서는 사람들은 모두 오른쪽으로 비스듬히 늘어져 있어요. 악어도 비스듬히 앉아 있지만, 사람들은 늘어져 있는 반면에 악어는 여유만만하게 몸을 지탱하고 있지요. 게다가 다른 인물이나 배경색들은 흐릿한 데 비해 악어의 녹색만 도드라진 것을 보면 누가 더 힘이 센지가 곧바로 드러나지요. 속지의 미술관 장면에서도 앞으로 어떤 일이 일어날지 암시되어 있어요. 꽃을 감상하는 악어 뒤에는 뼈들이 몇 개 흩어져 있거든요. 이를 보면 악어 가게 직원이 먹이가 되는 게 뜻밖일 것은 없네요.

진정한 반전은 마지막 페이지의 멋쟁이 악어들인 거지요. 페터 니클의 간결하고 재치 있는 글과 비네테 슈뢰더의 환상적인 그림이 어우러진 『악어야, 악어야 *Krokodil, Krokodil*』라는 이 책은 1975년 스위스에서 그해의 '가장 아름다운 책'으로 뽑히기도 했지요.

비네테 슈뢰더는 1939년 독일 함부르크에서 태어났어요. 어머니는 의상 디자이너이고 아버지는 변호사이자 사업가였어요. 아버지가 세상을 떠나자 할머니는 어린 손녀와 며느리를 품에 거둬 주었어요. 아이는 세 살 때까지 살던 북부 독일을 잊지 못하고 그곳의 하늘과 빛과 구름들 그리고 낮게 떠 있는 겨울 해도 귀한 추억으로 간직합니다.

아련한 추억을 가슴에 안고 할머니네 동네인 가르미쉬-파르텐키르헨에서 살며 중고등학교를 다닌 소녀는 그림책을 좋아했습니다. 열두 살 때 첫 그림책을 만들어 보았고 학교 계단 옆 벽에 최초의 전시회를 열었다고 해요. 1956년 온 가족이 뮌헨으로 이사하게 되어, 1957년부터 3년 동안 뮌헨의 사립학교에서 그래픽 디자인을 공부합니다. 그리고 1961년에 스위스 바젤의 디자인학교에 들어가지요. 당시 그 학교는 바우하우스에서 기초 교육을 담당하던 요하네스 이텐*의 교육 기조를 따르고 있었어요. 그는 독창성의 씨앗을 밟지 않기 위해, 학생들의 창의적 작품을 일일이 지적하지 않는다는 원칙을 갖고 있었고, 대신 학생들이 공통적으로 빚는 실수들을 지적했다고 해요. 아르민 호프만과 도널드 브룬에게 그래픽을, 에밀 루더에게 타이포그래피를**, 안드레아스 히즈에게 일러스트레이션을 배운 그녀는 졸업 후, 베를린에 와서 몇 년간 그래픽 디자이너, 일러스트레이터, 인물 사진작가로 활동합니다.

그러나 그림책에 계속 관심을 갖고 있던 그녀는 1968년 프랑크푸르트 도서전에 용감하게 그림 두 장을 들고 갑니다. 새와 함께 있는 루핀헨이라는 여자아이 그림과, 달걀 아저씨인 험프티 덤프티 그림이었지요. 그림책 출판사인 스위스의 노르드-쥐드사 사장이 그 그림에 관심을 보이자, 비네테 슈뢰더는 다음 날 아침 당장 그 그림에 대한 이야기를 써 나갑니다. 그리고 이후 몇 달 동안 나머지 그림들을 그려 1969년에 『루핀헨 Lupinchen』이란 첫 책이 나오게 되었지요.

'Lupinchen'에서 chen은 작다는 뜻이에요. 그러니까 루핀헨은 작은 루핀 꽃이란 뜻이

---

* 요하네스 이텐은 20세기에 활약한 스위스 출신의 화가이자 이론가입니다. 색채 이론서인 『색채의 예술』을 지었고 「행인」이란 작품을 그렸습니다.

** 아르민 호프만, 도널드 브룬, 에밀 루더는 모두 스위스의 디자이너로 스위스뿐만 아니라 현대 그래픽 디자인과 타이포그래피에 큰 영향을 끼쳤습니다.

겠죠? 이 꽃은 바바라 쿠니의 『미스 럼피우스 Miss Rumphius』에서 럼피우스가 씨앗을 뿌려 피워낸 꽃들이기도 하지요. 꽃들이 피어나는 넓은 정원을 가꾸는 루핀헨이라는 어린 여자애가 있어요. 머리 모양은 우스꽝스럽고 마치 발레복 같은 하늘하늘한 옷을 입은 이 여자애는 친구인 새 로베르트에게 한탄을 해요. 자기도 새처럼 자유롭게 하늘도 날아 보고 바다 건너 세상에도 가 보고 싶다고요. 새는 루핀헨에게 요술 상자 아저씨와 달걀처럼 생긴 험프티 덤프티를 소개해 주지요. 이들은 종이 집을 만들어 루핀헨과 재미있는 파티를 여는데 바람이 종이 집을 날려 버려요. 그 종이 집은 종이비행기로 변해 하늘을 날고, 종이배로 변해 바다를 떠다녀요. 비바람을 맞은 배를 포기하고 우산을 거꾸로 펼쳐 배 삼아 타고 떠내려가다가 새의 도움으로 무사히 정원으로 돌아와 루핀헨이 루핀 꽃들 옆에서 잠이 든다는 이야기예요.

아이들의 환상 여행을 아기자기한 글과 꿈결 같은 그림으로 담아내면서 비네테 슈뢰더는 환상이란 현실과 반대되는 개념임을 암시하고 있어요. 정원을 떠나 훨훨 여행하고 싶었던 루핀헨은 어린 나무들을 거꾸로 심고 물을 주고 있거든요. 요술 상자 아저씨가 종이로 만들어졌다는 것도 재미있는 착상이지요. 종이를 그 자리에서 척척 접어 작은 집도 만들고, 험프티 덤프티 아저씨의 도움으로 비행기도 만들고 배도 만드니까요. 바람에 잘 날리고 물에 젖는다는 종이의 성질을 이용해서 하늘을 날고 바다에서는 폭우를 만나 흠씬 젖는다는 이야기를 만들어낸 작가의 창의성이 돋보이지요. 첫 책으로 그녀는 슬로바키아의 브라티슬라바에서 열리는 일러스트레이션 비엔날레 BIB의 황금사과 상을 비롯하여 여러 상을 받았어요.

그 후, 두 권의 책을 더 낸 비네테 슈뢰더는 1971년에 변호사이자 큐레이터인 페터 니클과 결혼하지요. 페터는 그림 그리는 아내에게 글을 써 주는 데 재미를 붙였어요. 둘이 함께 만든 첫 책이 꼬마 기관차 이야기인 『라타타탐 Ra ta ta tam』이에요. 마테우스라는 아이가 재활용품을 이용해 앙증맞은 기관차를 만들었는데, 나쁜 공장 주인에게 빼앗기지요. 그러나 기관차는 도망쳐서 마테우스를 찾아다닙니다. 그러면서 사막 구경도 하고 도시에도 가 보고, 광산에도 들어갔다 나오고 마침내 산 위로 올라갔는데, 거기서 마테우스를 만나 매일매일 라타타탐거리며 산을 오르락내리락한다는 이야기지요. 라타타탐은 칙칙폭폭이란 뜻의 의성어래요.

비네테 슈뢰더는 독자가 꼬마 기관차가 되어 그림 속으로 들어가고 싶을 정도로 신비롭고 아름다운 그림을 보여 줍니다. 샛노란 사막을 벗어나 밤이 되어 도착한 곳에는 커다란 시계가 반쯤 땅 속에 파묻혀 있고, 안락의자에는 풀이 피어나 있고 밤하늘은 은은한 터키색이지요. 흙속에 파묻힌 깨진 그릇이며 병들, 밤하늘에 둥실 날아가는 동그란 풍선, 은은하게 떠 있는 하얀 달, 나뭇가지마다 끝을 희미한 흰색 전구처럼 밝히고 있는 모습은 저마다 다른 이야기를 숨기고 있는 듯합니다. 이제까지 새하얀 연기를 동글동글 피워 올리던 꼬마 기관차는 마테우스의 행방에 대해 올빼미가 아리송한 대답을 하자 물음표 모양으로 연기를 피워 올리지요. 아름답고 환상적인 이 책은 독일 청소년 도서상을 받습니다.

그다음에 이 부부가 함께 만든 책이 처음에 소개한 『악어야, 악어야』예요. 사실 『루핀헨』『라 타타탐』『라우라와 험프티 덤프티 Laura』 같은 책들은 전체적으로 글이 긴 편이에요. 글을 반 이상 줄이면 좋겠다는 생각을 하면서 봤는데, 『악어야, 악어야』는 뜻밖에 글이 간결하고 재치 있고, 은은하면서도 섬세하고 간결한 그림은 매혹적이라서 이 작가의 책 중 으뜸으로 꼽고 싶을 정도예요. 그래서 이 글 첫머리에 대뜸 그 책부터 소개한 거랍니다.

비네테 슈뢰더는 다른 작가들과 마찬가지로, 전래 동화에 그림을 그리기도 했어요. 이미 알려진 이야기라 그림만 좋다면 독자에게 금방 인정받을 수 있기 때문에 많은 그림 작가들이 전래 동화를 선택하지요. 하지만 엽기적이고 잔혹한 내용이 많다는 건 부정할 수 없는 사실이에요. 「신데렐라」에서는 유리 구두에 맞춰 발을 자르고 「헨델과 그레텔」에

『개구리 왕자』, 시공주니어, 1996

서는 마녀를 오븐 속에 밀어 넣어 죽이니까요. 「개구리 왕자」에서도 공주가 개구리를 벽에 내던지는 잔인한 행동을 하지요. 게다가 황금공과 우물, 그리고 침대는 성적인 부분을 암시하는데, 그림형제의 이 글을 비네테 슈뢰더의 『개구리 왕자 Der Froshkönig』에서는 에둘러 매우 부드럽게 표현했답니다.

알려진 대로, 이 이야기는 왕이 가장 사랑하는 막내 공주가 주인공이에요. 공주는 숲속 우물에 빠진 금공을 건져 주면 원하는 것을 뭐든 해 주겠다고 개구리와 약속하지요. 개구리는 공주님의 특별한 친구이자 애인으로 삼아 달라고 한 뒤 금공을 건져다 주지만, 공주는 뒤도 안 돌아보고 성으로 돌아가요. 그런데 개구리가 성까지 쫓아오자 아버지인 왕은 딸에게 약속을 지켜야 하는 법이라며 타이르고, 공주는 할 수 없이 개구리와 먹고 마시고, 결국 침대에 넣어 주지요. 그 순간 개구리는 마법이 풀려 젊고 잘생긴 왕자로 변하고 둘은 함께 왕자의 왕국으로 떠난다는 이야기예요.

이 공주는 왕이 가장 사랑하는 막내예요. 비네테 슈뢰더는 배드민턴 장면으로 그것을 잘 나타내요. 다른 공주들은 쌍쌍이 배드민턴을 치고 있지만, 막내 공주는 아버지와 따로 공놀이를 하고 있거든요. 숲이란 비밀스런 곳이지요. 공주가 금공을 들고 하염없이 들어가는 숲도 마찬가지입니다. 여우는 차마 따라갈 생각을 못하고, 기괴한 머리통을 가진 나무들도 조마조마한 표정으로 지켜보지만 공주는 아무것도 모른 채 마법에 걸린 숲 속으로 들어가지요. 작가는 글을 뾰족한 역삼각형 틀 안에 넣어줌으로써 금공이 우물에 빠질 것이며 공주에게 뜻밖의 일이 닥칠 것이라는 암시를 줍니다.

우물 장면에서 사건의 진행이 패널 그림으로 이어진 게 눈에 띄네요. 개구리의 소원을 듣고 공주가 놀라는 장면, 개구리가 공을 찾으려고 우물로 뛰어드는 장면, 마지막으로 개구리가 금공을 물고 도로 나오는 장면, 이렇게 똑같은 우물을 세 장면으로 나누어 독특하게 배치했습니다. 한 화면에서 여러 장면 그림을 배치해서 시간의 흐름을 나타내 주는 거지요. 물과 공(알)은 남녀의 성적 특성을 의미한다고 할 수 있지요. 그리스 로마 신화에서 제우스는 황금 소나기가 되어 다나에와 함께하고 신라의 박혁거세 설화에서 박혁거세는 나정이란 우물에 나타난 큰 알에서 태어나지요. 또 박혁거세의 아내가 된 알영부인도 알영이란 우물 옆에서 태어나고요. 이 책의 황금공과 우물도 같은 맥락이라고 보면 됩니다.

공주가 얼른 달아나는 장면에서 한쪽은 나무 벽, 한쪽은 나무들로 이어진 길은 멀기만 합니다. 개구리가 제아무리 팔짝팔짝 뛰어 봐야 따라잡기 힘들다는 걸, 개구리 뒤에 달팽이를 그려 넣어 강조하고 있어요. 그런데 자세히 보면, 나무 벽 위로 뿔사슴 한 마리가 공주가 가는 길을 내려다보고 있고, 부엉이나 너구리, 토끼도 나무 틈에서 공주가 가는 길을 지켜보고 있어요. 왼쪽 구석에 있는 돌에는 '89'라고 새겨져 있는데, 이 책이 출판된 1989년을 가리키지 않나 싶네요. 개구리가 공주를 만나려고 높다란 계단을 힘들여 오르는 모습은 네 단계의 진행 장면을 한 그림에 고스란히 담아 놓았습니다. 앞의 우물 장면도 그렇고 『꺽다리 기사와 땅딸보 기사 Ritter Rustig, Ritter Rostig』의 꽃이 피어나는 장면도 그렇고 작가는 이런 장면 구성을 좋아하는군요.

꺽다리와 땅딸보는 보기만 해도 웃음이 나오는 대조를 이루니까 코믹 소재로 자주 쓰이지요. 그런데 둘은 서로 대조가 되면서도 비슷한 실수를 저지른다는 공통점이 있어요. 비네테 슈뢰더도 『꺽다리 기사와 땅딸보 기사』에서 그 점을 보여 주지요.

사이가 참 좋아서 성벽조차 허물고 나란히 살고 있는 두 기사 부부가 있었지요. 그런데 두 성 사이에 꽃이 피어나, 아침에는 꺽다리 기사의 성을 향해 동쪽으로 살며시 몸을 기울이고 낮에는 해님을 향해 꼿꼿이 고개를 들고 저녁에는 땅딸보 기사를 향해 서쪽으로 몸을 기울였지요. 두 부부는 처음에는 꽃을 보며 즐겁게 노래하고 춤추었지만, 차츰 딴 생각이 들었어요. 꽃이 자기네 쪽으로만 얼굴을 보였으면 하는 생각이 들었거든요. 소유욕은 질투심을 낳고 질투심은 다툼으로 이어져, 이들은 서로 꽃을 차지하려 싸우다 그만 꽃 자체를 잃고 말았어요. 두 부부의 완력에 꽃의 뿌리가 뽑히고 줄기가 댕강 끊어져 버렸거든요. 그 뒤 두 성 사이에는 얼음벽이 생기고 서로의 사이는 냉랭하기만 했죠. 그러나 이듬해 봄, 정원 여기저기에 꽃들이 피어나자 두 부부는 서로 사과하고 얼음벽은 스르르 녹았다는 이야기.

환상적인 그림에 더해, 작가는 알 듯 말 듯한 재미를 숨겨 놓았어요. 난데없이 새싹이 어디서 나왔을까요? 면지의 첫 그림에 실마리를 찾아볼 수 있어요. 하늘을 날던 새가 똥덩어리를 툭 떨어뜨리잖아요. 새가 먹은 열매에 든 씨가 소화가 안 돼 똥 속에 들어 있다가 땅에 떨어져 싹이 튼 것이라 짐작할 수 있지요. 그럼 이듬해 봄에 어디서 꽃들이 그렇게 많이 피어났느냐고요? 처음 피었던 꽃 한 송이를 서로 가지려고 다투는 장면에서 꽃씨들이 떨어지는 게 보이지요? 동쪽에도 떨어지고 서쪽에도 떨어지는 그 꽃씨들이 이듬해 봄에 싹을 틔운 거지요.

막상 사람은 화해하기 위해 별 노력을 안 하고, 꽃이 모든 것을 해결하는 듯이 보여서 살짝 아쉽기도 하지만, 달리 생각해 볼 수도 있어요. 온갖 자잘한 일로 속을 끓이다가 푸른 하늘을 한번 쳐다보면 속이 확 트이면서, 이런 근심걱정으로 골치 아파하는 게 참 부질없다 싶잖아요. 두 기사 부부의 꼬였던 마음도 아름다운 꽃을 보면서 탁 풀린 거지요.

인간의 마음이란 변하기 쉬운 것이니, 양쪽에 똑같이 일곱 송이 피어난 꽃들이 다음 해 봄에 똑같이 스무 송이씩 피어나지 않으면 또 다툼이 생길까요? 일곱 송이에서 헤아릴 수 없이 많은 꽃씨들이 뿌려져 아예 다툼 따위를 잊었으면 좋겠군요.

꽃 한 송이가 피어나던 장면은 마치 두루마리 만화를 펼쳐 놓은 것 같지요. 한 장면에 각기 다른 꽃 세 송이가 있는 것 같지만, 사실은 같은 꽃이에요. 꽃봉오리가 맺힌 장면 하나, 꽃봉오리가 벌어진 장면 하나, 꽃이 활짝 피어난 장면 하나, 이렇게 세 장면이 주르륵 펼쳐진 거지요. 양쪽 부부가 서로 욕설을 하는 장면에서 그 욕설들이 괴물 두꺼비, 도깨비 거북이, 갈퀴 달린 새 대가리 등 형체를 갖추고 양쪽으로 튀어 가게 그린 점이 인상적이에요.

그녀의 그림을 보면 초현실적이고 꿈결 같은 무대에 서 있는 연극배우들이 떠오르지요. 작가 자신도 자기의 그림이 초현실주의 작가와 이탈리아 르네상스 미술의 영향을 받았다고 말합니다. 어머니가 무대 의상 수업을 들을 때 15세기 의상이 나온 책들을 딸에게도 보여 주었다지요. 초현실주의자들 중에서는 달리보다 막스 에른스트의 영향을 대단히 많이 받았다고 합니다.

막스 에른스트를 구글에서 이미지 검색해 보면 비네테 슈뢰더의 그림과 비슷한 분위기의 작품이 여럿 나와요. 「다다빌 *Dadaville*」은 『개구리 왕자』에 나오는 나무 벽과 비슷하지요. 특히, 그녀가 '멋진 이야기꾼'이라 부른 미하엘 엔데가 글을 쓴 『보름달의 전설 *Die Vollmondlegende*』에서는 막스 에른스트의 작품에서 풍기는 기괴한 분위기를 안개처럼 뿌려 주지요. 그 책 말고 다른 책들은 초현실주의 느낌의 그림이더라도 즐거운 상상 속으로 안내하는 포근하고 다정한 동화적 분위기에요.

비교적 현실적인 풍경이라도 비네테 슈뢰더의 붓이 닿으면 아련하고 동화적인 이미지가 번져 나와요. 『플로리안과 트랙터 막스 *Florian und Traktor Max*』에 잘 드러나 있지요. 나이 든 회색 말 플로리안이 밭일을 힘에 부쳐 하자, 농부는 젊고 힘 좋은 빨간 트랙터 막

『플로리안과 트랙터 막스』, 시공주니어, 1996

스를 사 옵니다. 플로리안은 막스와 친해지고 싶지만 막스가 본척만척, 혼자 부릉부릉 나가서 힘차게 들일을 하자, 플로리안은 하루하루가 시들하고 울적해집니다. 그러다 오래 내린 봄비 탓에 막스가 진창에 빠져 오도 가도 못 하게 되지요. 막스가 간신히 뛰뛰거리는 소리를 플로리안이 귀 밝게 듣습니다. 농부는 플로리안에게 줄을 달아 영차영차 막스를 진창에서 끌어내지요. 그 뒤, 막스와 플로리안은 친구가 되었고, 플로리안이 히힝거리면 막스는 뛰뛰뛰 경적을 울려 준답니다.

모든 것은 첫걸음을 내딛을 때는 새 것이었어도 언젠가는 낡아져서 쓸모를 인정받지 못하지요. 작가는 말과 트랙터를 대비시켜 그것을 보여 줍니다. 플로리안은 처음에는 기운이 펄펄 넘치는 젊은 말이었지만, 오랫동안 들일을 하면서 세월의 흔적이 온몸에 남은 늙은 말이 되었지요. 그것은 농부도 마찬가지일 거예요. 말은 새로운 기계와 불화를 겪지요. 기계는 육체노동을 받아들이지 못하거든요. 하지만 새로운 기계도 언젠가는 낡게 되는 것. 작가는 그것을 진창에 잠기는 사건으로 표현했어요. 자신이 그런 곤경을 겪고 나서야 트랙터는 늙은 말과 친구가 되지요.

구아슈로 그린 그림은 언뜻 보면 매우 고요하고, 등장인물은 완구점 인형들을 세워 놓은 것 같습니다. 그러나 자세히 보면 둘의 관계에 따라 그림은 색깔과 표정을 달리합니다. 첫 번째 봄 장면에선 기대감이 가득합니다. 전체적인 톤이 낮아 배경이 고요해 보일 뿐, 사실은 모든 것이 술렁거리지요. 나무들은 화사하게 연둣빛 물이 올라 봄과 새 친구를 반기고, 분홍색 새들도 즐거워 보입니다. 물론 말과 닭과 오리들은 새 친구를 보러 신나게 달려가지요. 작가는 바람에 나부끼는 빨래를 통해 기대감을 한껏 부풀립니다. 그런데 우정을 거절당한 다음 장면은 그림이 순식간에 평면적으로 변해, 고개를 푹 숙인 채 눈치를 보면서 건초를 먹는 말이나 벽만 쳐다보고 있는 트랙터, 하다못해 고양이까지 생동감을 잃고 정물화처럼 그려져 있네요.

계절이 한 차례 바뀌고, 두 번째 봄이 온 장면은 확연히 달라집니다. 진창에 빠진 트랙터를 농부와 말이 힘을 합쳐 끌어내는데, 앞선 봄 장면의 갈색 들판과는 달리 이제 들판에서는 고운 초록빛이 돋아나고 나무에서는 분홍색 꽃이 피어납니다. 진창 외에 초원은 온통 녹색이고, 꽃들도 화사하게 피어나 있지요. 독야청청하던 트랙터도 남들의 도움을 받고 나서는 사는 법을 배우는 것 같습니다. 관계가 살아난 장면부터 작가는 색채를 한층 다양하게 써서 화사함을 살리고, 인물도 훨씬 많이 그려 농장의 공동체적 의미를 살리고 있지요. 연둣빛 초원에선 소들이 여기저기 풀을 뜯고 있고, 다람쥐도 나무를 타오릅니다.

그림책마다 꿈결 같고 환상적인 세상을 보여 주는 비네터 슈뢰더가 추구했던 것은 과연 무엇일까 하는 궁금증이 생깁니다.

나는 아이들에게 작은 무대를 그려 주고 싶어요. 희미해져 가는 지평선으로 걸어 들어가 보라고 유혹하는 무대 말이에요. 그 지평선은 저 멀리 있는 세상을 새롭게 바라보게 할 것 같아요. 바로, 환상의 무대랍니다.[11]

『라우라와 험프티 덤프티』에서 알로 존재하며 세상을 두려워하던 험프티 덤프티가 라우라의 따스한 보호를 받고 알을 깨고 태어나 완전히 다른 세상을 보듯이, 비네테 슈뢰더는 꿈결 같고 멋진 세계, 현실과 다른 결로 존재하는 환상이란 세계 속으로 우리를 인도하는 라우라 같은 역할을 원했나 봅니다. 우리는 좋은 길잡이를 두었네요.

Chris van Allsburg

뫼비우스의 띠를 그려라

크리스 반 알스버그

1949년 미국 미시간 주에서 태어났습니다. 미시간 주립대학에서 조각을 공부하고 로드아일랜드 디자인학교에서 조각을 더 공부했습니다. 1980년 『압둘 가사지의 정원』으로는 칼데콧 영예상을 받았고 『북극으로 가는 기차』『주만지』로 칼데콧 상을 두 차례 받았습니다. 이밖에도 『벤의 꿈』『나그네의 선물』『자수라』『장난꾸러기 개미 두 마리』『해리스 버딕의 미스터리』 등 많은 그림책을 냈으며 그중 『주만지』『자수라』『북극으로 가는 기차』는 영화로도 만들어졌습니다.

정지 화면. 담쟁이 덩굴로 덮인 벽. 좁다란 정원 입구. 안을 가리키는 남녀 어린이의 조각상. 당장 뛰어갈 듯한 자세의 소년. 그림은 물론 흑백. 마우스를 소년에게 댑니다. 문득 흑백의 소년이 연한 색조로 바뀝니다. 살짝 누르니, 다다다다 정원 안으로 뛰어 들어가는 소년. 다른 세상, 크리스 반 알스버그의 홈페이지는 이렇게 열립니다.

『압둘 가사지의 정원 The Garden of Abdul Gasazi』도 그렇게 열립니다. 헤스터 아줌마가 뭐든지 물어뜯기 좋아하는 개, 프리츠를 돌봐 달라고 부탁하자 앨런은 온 신경이 쭈뼛할 정도로 긴장하며 개를 돌보다가, 개가 가장 물어뜯기 좋아하는 모자를 숨긴 채 깜빡 잠이 들죠. 그런데 개가 산책 나가자고 코를 무는 바람에 깨어나 산책을 나갑니다. 은퇴한 마법사 압둘 가사지의 정원으로 들어가 버린 개. 불행히도 그 정원 앞에는 절대 개를 데리고 들어오지 말라는 경고판이 붙어 있었고. 프리츠가 어떻게 되었을까 걱정하면서 앨런은 압둘 가사지의 정원으로 들어가게 되지요.

정원 안을 보면 매우 신기합니다. 잘 다듬어진 나무들, 떼 지어 모여 있는 오리들, 마법사 압둘 가사지 등은 분명 매우 사실적으로 묘사되어 있지만 뭔가 석상처럼 위압적이면서도 기묘하게 몽환적인 분위기를 자아내고 있거든요. 마법사가 프리츠를 오리로 바꿔 놓는 바람에 앨런은 너무나 슬퍼하면서 그 오리를 안고 나오다가 모자가 날아가고, 오리는 그걸 잡겠다고 날아가 버립니다. 앨런은 풀이 죽어 아줌마에게 돌아와 프리츠가 마법에 걸려 오리로 바뀌고 모자를 잡으러 날아가 버렸다고 보고하지만, 부엌에서 달려 나온 건 바로 개로 돌아온 프리츠! 앨런은 어리둥절해집니다. 내가 지금 꿈을 꾼 건가? 그런데 프리츠는 바로 앨런의 모자를 갖고 놀고 있었죠!

나비 꿈을 꾸고 일어난 장자가 자기가 꿈에서 나비가 된 것인지, 아니면 나비가 꿈에서 자기가 된 것인지 알 수 없었다는 이야기와 비슷하지요? 뫼비우스의 띠를 따라 가다가 슬쩍 꼬여 있는 부분을 만나면 거기가 바로 압둘 가사지의 정원 입구랍니다.

이 책은 시각도 독특하고 은근히 몽롱한 흑백 그림의 맛이 그만입니다. 또한 모든 인물들은 마치 석상처럼 보이는데, 이런 느낌의 그림을 그릴 수 있는 크리스 반 알스버그, 그대는 뭐하는 사람이었소? 아, 조각장이였구랴.

크리스 반 알스버그는 1949년에 미국 미시간 주의 조용한 시골 마을인 그랜드 래피즈에서 태어났습니다. 어릴 때부터 그림 그리는 것을 좋아했는데, 또래들의 무언의 압력으로 인하야 (흑, 무서운 발언!) 크레용 대신 럭비공을 잡곤 했다네요. 하지만 모형 차나 배 만드는 것을 손에서 뗀 적이 거의 없었다고 합니다. 중고등학교 때 수학, 과학을 매우 좋아했다니 남들이 보기엔 이공대학으로 가면 딱 맞았을 인물인데, 미술 수업 한번 들어본 적이 없던 그는 미시간 대학에 입학 원서 내던 날, 느닷없이 'College of A&D'라는 항목에 체크를 하지요. 당시엔 그가 다니던 고등학교에서 워낙 미시간 대학에 진학을 많이 해서, 입학 담당자가 아예 그 학교에 파견 나와 원서를 받았다는군요. 그런데 크리스는 어느 학부에 지원할 건지 체크하지 않은 상태에서 원서를 내러 갔다가 이 'College of A&D'라고 쓰인 항목이 뭔가 궁금해서 물어봤더니, 건축디자인학부(College of Architecture and Design)인데, 그 안에 미술대학도 있다는 말을 듣게 됩니다. 어, 갑자기 그림 공부를 하고 싶어지네, 고등학교 때 안 들었으니 대학 가서 듣는 것도 괜찮겠지 했는데 우연히도 그해는 미시간 대학이 포트폴리오를 내지 않아도 입학을 허가했던 마지막 해. 입학 담당 직원을 꾀로 이겨 보고 싶었던 열일곱 살짜리 아해는 자기 미술 실력을 한껏 부풀리고, 학교 수업은 안 들었지만 따로 토요일마다 몇 년 동안 그림을 그렸다고 거짓말을 합니다. 면접 통과. 입학 허가.

대학에 들어가서 그는 잘하는 학생들이 주변에 너무 많고, 수업량이 엄청나 너무 놀랐

『압둘 가사지의 정원』, 베틀북, 2002

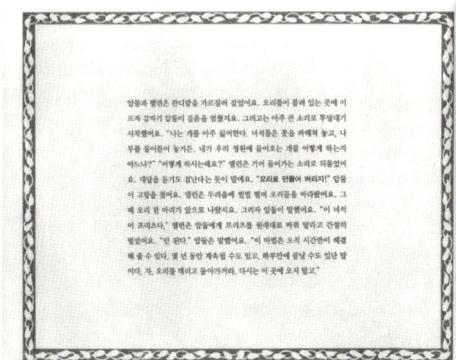

답니다. 내가 여기 왜 왔던고, 싶었겠죠. 하지만 어려서 모형 차와 보트를 만들던 실력으로 조각에 뛰어들고, 무사히 졸업. 로드아일랜드 디자인학교에서 석사 학위를 받고 그 동네에 정착을 하게 됩니다. 스튜디오를 마련한 그는 조각을 하면서도 저녁나절에는 집에 와서 그림을 그렸는데, 그 그림마다 이야기를 담고 있다고 본 아내가 일러스트레이터이자 작가인 친구를 소개해 줘서 출판사와 연이 닿게 됩니다. 그리하여 1979년에 나온 『압둘 가사지의 정원』은 다음 해에 칼데콧 영예상과 보스턴 글로브 혼 북 상을 받게 되지요.

환상을 다루고 있는 그림책들은 보통 그림조차 심히 '환상적'이지요. 하지만 그의 그림은 대부분 의외로 실제적입니다. 그 이유를 직접 들어 보지요.

내가 쓰는 이야기들은 대개 판타지입니다. 이상하고 믿을 수 없는 사건들을 이야기할 때, 독자가 그림을 보면서 지금 기술되는 사건이 진짜로 일어날 수 있다고 믿게 되는 게 중요하다고 생각합니다. 그래서 내 그림을 실제처럼 보이게 그립니다. 그러기 위해 진짜 사람을 모델로 쓰고, 그림에 나오는 장소들이 진짜로 존재하는 것처럼 보이도록 원근법과 빛의 법칙을 따릅니다.[12]

흠. 지금 저 밖에 서 있는 나무나 건물이, 그야말로 아무렇지도 않아 보이는 것들이 불쑥 엉뚱한 성질을 드러낸다면? 지금 살고 있는 이 세상이 슬쩍 꼬인다면? 갑자기 제 주변에 존재하는 익숙한 것들이 모조리 비밀스럽게 느껴지는군요.

작가가 가장 많이 받는 질문 중의 하나가, '왜 책마다 하얀 개가 나와요?'라는데, 이유가 있더군요. 『압둘 가사지의 정원』에 나오는 개, 프리츠는 매제의 개인 불테리어 종을 모델로 했는데, 작가는 그 개를 조카처럼 여겼다네요. 그런데 뜻밖의 사고로 그 개가 어린 나이에 '저 세상의 큰 개집'으로 가자, 작가는 그 개가 자기 책에 기여한 것을 기리기 위해 웬만하면 앞으로 만드는 책마다 등장시키기로 (아주 작은 한 부분이라도) 마음먹었다고 합니다. 그래서 하얀 개는 『북극으로 가는 기차 *The Polar Express*』에는 침대에 끼워져 있는 헝겊 인형으로 나오고, 『이건 꿈일 뿐이야 Just a Dream』에서는 차 위에 앉아 있지요. 『벤의 꿈 Ben's Dream』에서는 액자 속에 들어 있고, 『세상에서 가장 맛있는 무화과 The Sweetest Fig』에서도 은근히 익살맞은 중요한 조연 역할을 합니다.

작가 인터뷰들을 읽다 보면 가장 자주 나오는 질문 중의 하나가, '그림책 아이디어를 어디서 얻나요?'입니다. 알스버그도 같은 질문을 자주 받는데, 1986년 『북극으로 가는 기차』로 칼데콧 상을 받고 이렇게 말합니다.

> 나는 이 질문에 다양하게 대답합니다. "옆집 아이들한테 훔쳤어요." "우편으로 주문했어요." "외계에서 갑자기 내게 빛처럼 들어왔어요."
> 무례하게 굴거나 잘난 척할 생각은 정말 없습니다. 사실 내가 어디서 아이디어를 얻는지 나도 잘 모르겠습니다. 내가 써 온 이야기들은 저마다 어디로 튈지 모르는 막연한 아이디어에서 출발하고, 그러다 갑자기 완성된 개념으로 구체화됩니다. 그건 거의 발견이나 다름없지요. 마치 그 이야기가 늘 그곳에 있었던 듯이 말이지요. 몇 가지 요소들을 가지고 시작하는데, 그것들은 사실상 실마리입니다. 그것들이 무슨 의미인지 내가 이해한다면, 기다리고 있는 그 이야기를 발견할 수 있는 것이지요.[13]

어린 소년이 어느 날 밤, 자기 집 앞에 서 있는 기차를 바라봅니다. 이게 처음에 알스버그의 마음에 떠오른 이미지입니다. 알스버그는 소년과 그 기차를 타고 몇 군데 다른 여행을 즐기지요. 그러다 작가는 북쪽으로 방향을 정합니다. 그리고 그렇게 정한 게 맞다는 느낌이 듭니다. 그 기차는 계속 북극으로 가던 중이었으니까요. 이 시점에서 이야기는 스스로 모습을 드러냅니다. 자, 이제 만약 아이 하나가 기차에 올라탄다면 그 애는 무얼 할까? 어디로 갈까? 아이가 올라탄 다음에 기차는 어디로 갈까? 북쪽은 어떨까? 북쪽엔 누가 살지? 작가는 그제야 크리스마스와 산타클로스와 믿음이라는 아이디어들이 모양을 구체적으로 잡기 시작했다고 말합니다. 그래서 북극으로 가는 기차에 올라탄 아이를 그린 거죠. 아이가 북극에서 받은 작은 은빛 딸랑이 소리, 어른이 되어서도 들을 수 있는 자, 누구일까요?

아이들은 꿈결 같은 소리도 잘 알아듣지만, 어른들이 채 알아채지 못하는 공포도 증폭시켜 느낍니다. 돌봐줄 어른이 없는 상태로 홀로 남겨진 아이들에게는 작은 것 하나도 엄청나게 두려운 법. 앤서니 브라운은 『달라질 거야 Changes』에서 그런 공포심을 그린 적이 있지요. 크리스 반 알스버그는 집에 남겨진 두 아이가 나무 밑에서 발견한 보드 게임 놀이를 시작하면서 일어나는 사건을 『주만지 Jumanji』에서 그려 냅니다. 사실 저는 영화 먼저 보고 이 그림책을 보았기 때문에 이 아이들이 느끼는 공포가 음성지원까지 되면서 그대로 느껴졌어요. 그림책에서 대체 무슨 일이 일어나느냐고요? 아이들이 게임 판의 말을 옮길 때마다 판에 쓰인 문장이 사실로 이루어지는 황당한 사건이 일어납니다. 처음에는 살아 있는 사자가 확 나타나고, 그다음에는 분출하는 화산이, 그다음에는 있는 대로 다 망가뜨리는 원숭이 떼가… 정글의 동물들이 집 안으로 몰려오는 엄청난 일이 벌어지지요. 그들을 피해 달아나면서도 살아남으려 게임을 계속해야 하는 두 아이….

아이들이 게임 상자를 가지고 뛰어가는 장면을 보세요. 정원에 기마상 하나가 서 있지요. 칼까지 차고 있는 기마상 인물은 정지 화면이라기보다는 말에 박차를 가하고 뛰어가는 모습입니다. 발이 들려 있거든요. 말도 뛰어가는 모습이고요. 기마상 인물이 아이들을 금방이라도 뒤쫓아 갈 듯한 이 장면은 앞으로 이 꼬마들이 쉴 새 없이 동물들에게 쫓기는 상황을 암시해 주지요. 다행히 게임에서 벗어난 아이들이 상자를 도로 나무 밑에 가져다 놓았는데, 마지막 장면에서는 다른 아이들이 그 상자를 가지고 신 나게 달려가지요. 뫼비우스의 띠처럼 하염없이 이어지는 사건과 공포라니….

그는 스스로에게 질문을 던지다 주만지의 아이디어를 얻게 되었다고 해요. 심심한 아이들 둘이 어쩌다가 보드 게임을 발견했다 치자. 그다음에는 무슨 일이 일어날까? 만약 그 보드 게임이 진짜 상황이 된다면? 그럼 어떻게 될까?

우리나라에서도 2005년 서울어린이대공원에서 비둘기들 때문에 놀란 코끼리 여섯 마리가 탈출한 사건이 있었지요. "코끼리가 우리 음식점으로 들어오기에 너무 무서워서…." "전화 통화를 하던 도중 길 건너편에서 코끼리가 건너오는…." "이웃 주민과 이야기하고 있는데 뒤를 돌아보니 언덕 쪽에서 코끼리가 다가왔다…."는 증언들이 담긴 기사를 읽으면서 순간 저는, 주만지가 따로 없군, 생각했답니다. 우리 삶이라는 게 이렇게 일어날 것 같지 않은 일들이 진짜로 일어나는 주만지의 세계라는 것을 작가는 보여 주고 싶었겠지요. 아이디어가 뛰어나고 그림이 매우 생생한 이 책은 칼데콧 상을 받지요. 그러나 자기 복제는 식상하기만 합니다. 정글의 동물 대신 우주 공간을 집으로 들여온 속편, 『자수라 Zathura』는 돌의 질감을 느끼게 하는 그림 말고는 맛난 구석이 거의 없군요. 참, 이 책에 등장하는 두 아이의 모델은 그의 딸들이랍니다.

그런데 '주만지'와 '자수라'라는 말, 다른 데서 들어 보셨나요? 그 말은 순수하게 그가 만들어낸 것이랍니다.

주만지JUMANJI와 자수라ZATHURA는 내가 만든 말입니다. 주만지의 경우 나는 기이하고 머나먼 곳을 떠올리게 할 이국적인 단어를 원했어요. 정글 안 깊이 숨겨진 도시의 이름 같은 것말이에요. 첫 번째 음절이 '주Ju'라면 그 도시가 정글Jungle에 둘러싸여 있다는 것을 드러낼 것 같았어요. 인디언 말 같이 들리겠지만, 나는 늘 그것을 아프리카 이름으로 여겼어요. 우주 모험 게임에 나오는 행성 이름을 만들 때는 주만지와 음절수가 똑같으면서 두 번째 음절을 강조하면 좋을 것 같았지요.[14]

이에 비해 『프로버디티!Probuditi!』는 그가 만든 말이 아니라 세르비아-크로아티아 말이랍니다. 대체 무슨 뜻이냐고요? 일단 책 먼저 살펴보지요.

캘빈은 엄마가 준 표 덕분에 친구 로드니와 함께 마술사이자 최면술사인 로맥스의 공연을 보러 갑니다. 로맥스의 최면에 걸린 여성은 최면술사가 시키는 대로 하다가 "프로버디티!"라는 외침을 듣고 깨어나지요. 그게 신기하고 재미났던 캘빈은 집에 와 여동생 트루디에게 실험을 해요. 최면에 걸린 트루디는 자신을 강아지로 여기고 강아지 짓을 합니다. 그런데 문제는 개구쟁이 소년들이 로맥스가 여성을 깨어나게 할 때 말한 주문을 잊어버렸다는 것. 이들은 장난감 수레에 트루디를 태우고 더운 여름날 헉헉거리며 로맥스를 찾아가지만 실패하고 집으로 돌아옵니다. 그리고 차가운 물을 동생에게 뒤집어 씌워 최면에서 깨어나게 하는 데 성공하지요.

알스버그는 최면술사 로맥스를 유럽인으로 설정하고 그 지역 언어들로 '깨어나라'가 무엇인지 찾아보던 중에, 세르비아-크로아티아 말인 '프로버디티'를 찾아냈다고 해요.

네, 캘빈과 로드니가 신기한 마법의 주문으로 여겼던 '프로버디티'는 그저 '깨어나라'라는 뜻이었던 거예요. 하지만 생전 처음 들어보는 이국적인 말이라 머릿속에서 뒤엉켜버린 거지요.

알스버그는 이 책의 배경을 1960년대로 상상했어요. 그 당시에는 마술사들이 극장 쇼를 했다고 해요. 그 시대의 고색창연한 분위기를 보여줄 색깔을 찾다가 그는 붉은 갈색을 주색으로 삼습니다. 그가 설정한 날은 지글지글 끓는 여름날이었으니 붉은 색이 감도는 게 퍽 잘 어울리지요. 파스텔로 대강 그리고 그 위에 연필로 세밀하게 그린 뒤 색깔 톤을 잡아 주었다고 합니다. 또한 트루디를 장난감 수레에 태우고 언덕길을 오르락내리락하며 힘들게 시내까지 가는 길은 자기가 자란 그랜드 래피즈에서의 경험에서 나온 것이라고 해요. 더운 여름날, 교외에서 시내까지 가는 길은 언덕 여러 개를 넘는 힘든 길이었다고 하는군요.

그의 여느 환상 그림책과 달리 이 책은 실제를 다루었지만, 우리 대부분이 어린 시절 신비롭게 여겼던 (혹은 지금도 그렇게 여기는) 최면 세계를 그려 내고 있어 환상 그림책과 달라 보이지 않아요. 환상의 세계에서 보았던 것을 현실에서 다시 만나는, 환상과 현실의 연계 도구도 트루디가 맛본 아이스크림으로 표현되니까요.

채색 그림책인 『세상에서 가장 맛있는 무화과』는 욕심을 부리다가 제 꾀에 제가 빠진 사람의 이야기입니다. 까탈스런 치과 의사 비보 씨는 자기 개한테 짖지도 못하게 할 정도로 무척 못되게 굽니다. 그러던 어느 날 할머니 한 분이 치과에 찾아 왔는데, 할머니는 비보 씨가 이를 빼 준 대가로 겨우 무화과 두 개를 내밀었어요. 그 무화과가 꿈을 이루어 줄 거라면서 말이죠. 비보 씨는 기분이 안 좋았지만, 어쨌건 한 개를 먹었어요. 그런데 아침에 일어나니 간밤에 꾼 꿈이 현실로 되어 버렸잖아요? 세상에, 자기가 팬티만 입고 거리에 나가 있다니! 그제야 이 무화과의 가치를 깨달은 비보 씨는 부자가 되고 유명해지는 꿈을 꾸려고 자기에게 날마다 최면을 걸게 되죠. 그리고 마침내 굉장한 꿈을 연이어 꾸고 나서 무화과를 먹으려고 하는데, 앗! 그만 개가 무화과를 먹어 버린 거여요. 재미있는 반전은 아껴야 하므로 뒷이야기는 생략.

샌드페이퍼 느낌이 나게 칠한, 차분한 색조의 이 책에는 뾰족한 비보 씨의 표정 변화가 아주 생생하답니다. 거의 고문 수준으로 할머니의 이를 뺄 때, 비보 씨의 표정에 나타난 새디스트적인 즐거움, 할머니가 무화과를 줄 때 이맛살을 찌푸리다 못해 주먹까지 불끈 쥐는 야비함, 저도 먹고 싶어 식탁 밑에서 애처롭게 혀를 날름거리는 개의 존재를 넌지시 즐기며 무화과를 자르는 우아하고 냉혹한 표정 등을 보면서 작가의 조각 작품도 한번 보고 싶어졌어요. 조각에서는 인물 묘사를 어떻게 하나 궁금해서요.

아빠는 이렇게 섬세하게 인물을 묘사하건만, 아이는 또 다르네요. 알스버그는 어느 날 네 살짜리 딸 소피아의 방을 청소하다가 방바닥에서 피터 팬 색칠놀이 책을 보았다는군요. 물웅덩이에 빠진 타이거 릴리가 피터에게 도와 달라고 외치는 장면이었는데, 그 예쁜 공주를 녹색과 보라색으로 직직 칠해 놓았더래요. 표정이 너무 무시무시해서 크리스는 문득 이런 생각을 했다네요. '혹, 내 딸이 아무렇게나 칠해 놓아서 타이거 릴리가 이렇게 반응하는 걸까?' 그리고는 색칠놀이 책 속의 인물들이 자기가 색칠될 차례가 다가오면 어떻게 느낄지 한번 생각해 보게 되었다네요. 윽, 저도 책 속에 들어 있는 저를 누가 마구

직직 칠해 놓는다면 공포에 휩싸일 것 같아요.

이런 아이디어에서 나온 책이 바로 『리버벤드 마을의 이상한 하루 Bad Day at Riverbend』입니다. 이 책의 그림은 검은 선으로 외곽선만 그려 놓은, 색칠놀이 책과 똑같죠. 거기에 아이가 직직 칠해 놓은 듯한 색이 조금 들어가 있고요. 게다가 내용은 예측할 수 없는 방향으로 콩 튀듯 팥 튀듯 합니다. 마을에 이상한 빛이 등장하고 끈적거리는 줄이 사람과 말을 망쳐 놓는 등 아무튼 제멋대로니까요. 크레용을 손에 쥔 아이가 말을 보라색으로 칠할지 연두색으로 칠할지 알 수가 있나요? 중간에 책장을 죽 찢어 버릴지도 모르죠. 우리 삶에서 왜 그런 일이 일어나는지 그 누가 설명할 수 있겠어요? 쓰나미처럼 갑자기 몰려와 모든 것을 쓸어가 버리기도 하는 것을요. 우주 공간에서 인간의 삶이란 리버벤드 마을의 색깔놀이 책 정도밖에 안될 거라 생각하면 문득 기운이 빠져요.

그런데 그 인간은 자기보다 훨씬 작은 것들에게 엄청난 재앙을 내리는 존재이기도 하지요. 알스버그는 어느 날 아침 부엌에서 개미 두 마리를 보았답니다. 분명히 뒷마당에서 왔겠지, 그렇다면 거기서부터 부엌까지 오는 길은 개미들에게는 어떤 여행이었을까? 하고 예의 질문을 스스로에게 하기 시작했다네요. 그래서 『장난꾸러기 개미 두 마리 Two Bad Ants』라는 책이 세상에 나옵니다. 개미란 원래 무리지어 살지만, 어디서든 삐딱선을 타는 아해들이 있는 법. 개미들이 여왕개미의 입맛을 맞춰드리기 위해 수정(개미의 시각에서)을 가지러 험난한 과정을 거쳐 수정이 가득한 곳으로 줄을 이어 옵니다. 그러나 무리 중에서 개미 두 마리는 무리를 따라가지 않고 수정을 배부르게 먹고 잠이 들어 버리지요. 그런데 자기들을 향해 들어오는 커다란 삽 하나. 곧이어 검고 뜨거운 호수에 풍덩. 물은 물인데 쓴 물이네요. 「경향신문」 서평에 이 책이 '개미들의 주만지'라고 발랄하게 나와 있던데, 개미의 시각에서 바라보는 커피, 스푼, 개수대 같은 인간의 물건들은 정말 거대하고 위험하군요. 시점, 각도, 빛을 효과적으로 이용해 만든 그림이 꽤 재미있는 책입니다.

이밖에도 『해리스 버딕의 미스터리 The Mysteries of Harris Burdick』『나그네의 선물 The Stranger』『빗자루의 보은 The Window's Broom』 등 독특한 책들을 많이 만든 크리스 반 알스버그. 어떤 책을 제일 좋아하냐고 묻는 질문에 얼른 크로켓 존슨의 『해롤드와 자주색 크레파스 Harold and the Purple Crayon』라고 말합니다. 정말 단순하면서도 정말 아이디어가 재미있어 감탄이 나온다고 하는데, 언젠가 그가 정말 정말 단순하고, 정말 정말 재미있는 아이디어로 낯익은 일상생활 뒤에 숨어 있는 엉뚱하고 기괴한 세계를 으스스하고 독창적으로 그려 내면 좋겠습니다. 자신의 책 중에서 어떤 책을 가장 좋아하느냐는 질문에 '다음에 나올 책'이라고 대답하는 그. '다음에 나올 책'들이 북극으로 가는 기차의 차량처럼 주르륵 연결되며 뫼비우스의 띠 위에서 달리고 있는 모습을 보고 있는 저는 최면에 걸려 있는 건지도 모르겠군요. "프로버디티!"라고 하지 마!

Ann Jonas

시각 놀이로
상상의 날개를 펼쳐봐

앤 조나스

1932년 뉴욕 플러싱에서 태어났습니다. 쿠퍼 유니언에서 그림 공부를 하고 같은 학교에서 만난 도널드 크루즈와 결혼했습니다. 독일에 건너가 광고회사에서 일하기도 했으나 다시 뉴욕으로 돌아와 그래픽 디자이너로 일하며 어린이책을 만들기 시작했습니다. 작품으로는 『바로 또 거꾸로』 『기묘한 왕복여행』 『풍덩풍덩! 몇 마리가 있나요?』 『조각이불』이 있습니다. 『아슬아슬한 여행』으로 보스턴 글로브 혼 북 상을 수상했습니다. 『기묘한 왕복 여행』은 1983년 『뉴욕 타임스』가 선정한 최고의 어린이 도서로 뽑히기도 했습니다.

집 앞에 성내천이 있습니다. 맑은 물이 흐르면 좋겠지만, 빗물처리장 근처라 물이 탁해서 그다지 보기 좋지는 않습니다. 하지만 잔잔한 날 수면에 어린 파란 하늘과 하얀 구름을 볼 때면 어쩌면 저렇게 예쁜 그림이 있을까 싶지요. 마치 길게 늘인 화폭에 생생하게 그린 그림 같아요. 그 화폭에 어린 하늘과 구름을 보며, 어렸을 때 철봉에 거꾸로 매달려서 봤던 풍경이 떠올랐어요. 대단한 충격이었지요. 거꾸로 보는 나무, 그네, 아이들의 다리, 학교 건물 등은 완전히 낯설고 신기해서 이상한 나라의 앨리스가 된 기분이었어요.

시각을 달리하면 새롭고 신비로운 세상이 펼쳐지는 그림책이 있습니다. 『기묘한 왕복 여행 *Round Trip*』이라는 책이지요. 이 책은 등장인물 하나 없이 오로지 여행길에 스쳐 지나가는 풍경의 실루엣만 보여 줍니다. 뚜렷하게 대비되는 검정색과 하얀색, 각 잡힌 직선 등이 언뜻 보면 불친절해 보이지만 책장을 넘기다 보면 신비로운 느낌이 들지요. 새벽에 집을 나선 여행길, 동네를 지나고 농장을 지나고 산길을 지나 고속도로를 타고 바다로 갑니다. 파도도 보고 습지도 지나고 도시의 영화관도 가보고 높은 건물 꼭대기에서 아래를 내려다보지요.

그런데 책은 여기서 끝나는 게 아니에요. 책을 거꾸로 돌리면 다시 집으로 돌아가는 이야기가 시작됩니다. 그래서 제목이 『기묘한 왕복 여행』인 거지요. 시각을 달리해서 본 풍경은 완전히 새롭답니다. 검은 건물에 하얀 불이 점점이 켜진 고층 빌딩들을 거꾸로 돌리면 까만 하늘에 총총히 박힌 별들이 나타납니다. 검은 도시를 관통하는 하얀 도로는, 흰 건물에서 뻗어 나와 검은 하늘을 가로지르는 탐조등 불빛이 되지요. 검은 습지에 보이는 하얀 덤불들은 까만 하늘을 새하얗게 수놓는 불꽃놀이로 바뀌는군요.

『기묘한 왕복 여행』, 아이세움, 2003

파도는 새들로, 전신주는 고속도로 교각으로, 굽이굽이 난 산길은 검은 하늘을 가로지르며 번쩍거리는 새하얀 번갯불로, 착착착 서 있는 하얀 밀들은 싯싯싯 내리는 새하얀 장대비로, 기차가 내뿜는 구름은 물웅덩이로, 그렇게 기묘하게 바뀌는 풍경들을 넘기다 보면 다시 원래 떠난 그 자리, 집으로 돌아오는 거랍니다.

지극히 그래픽 디자인적인 책이지요. 유머가 슬쩍 드러나는 재미난 이야기를 기대한다면 이 책을 지루하게 느낄 것 같아요. 하지만 착시 현상을 이용한 그림은 굉장한 묘미를 주지요. 사물은 제자리에 가만히 있지만 어떤 각도에서 보느냐에 따라 완전히 모양을 바꾸니까요. 게다가 극단적으로 대비되는 검은색과 흰색은 단순한 평면이 아니라 신비한 깊이마저 느끼게 해 주지요. 각도를 바꿈으로써 신비로운 상상을 펼칠 수 있는 이 책은 1983년 「뉴욕 타임스」에서 선정하는 그해의 뛰어난 어린이책 상을 받고, 미국 도서관 협회의 우수 도서로도 뽑혔어요.

앤 조나스는 그림책을 매우 늦게 시작했답니다. 딸들이 어미 품을 떠나 새로운 세상인 대학으로 떠날 무렵 그 어미도 호기심이란 붓을 들었거든요. 그렇다고 생판 모래밭에서 바늘 찾기를 한 것은 아니에요. 원래부터 그림에 뛰어난 재능이 있었다고 하니까요.

앤은 1932년 뉴욕 플러싱에서 태어났는데, 바느질과 피아노를 즐겼던 어머니나 기계 기사였던 아버지 모두 그림 그리기를 좋아했다고 해요. 꼬마 앤 역시 예술적 재능이 뛰어나 학교에서 다른 남자애와 더불어 반의 예술가로 뽑혀 많은 학교 행사의 장식을 맡고 연극 무대를 꾸미고 그렸어요. 그녀는 그 시절을 소중하게 기억하고 있답니다. 고교를 졸업하고 앤은 이런저런 직업을 가져 보았지만, 별다른 성취감을 느낄 수 없었어요. 그래서 좋아하기도 하고 잘하기도 하는 그림 쪽으로 진로를 택해 쿠퍼 유니언에 들어갑니다. 쿠퍼 유니언에서 그림 공부를 하고, 동창인 도널드 크루즈와 결혼해 독일로 간 앤은 광고회사에 일자리를 얻었어요. 독일과 스위스의 뛰어난 디자인을 접하고 싶었지만 거의 맥주 광고만 만들며 세월을 보내 그녀의 독일살이는 실망스러운 기억으로 남게 되었지요. 그러나 귀한 보물인 첫딸 니나를 얻은 부부는 뉴욕으로 돌아와 함께 프리랜서로 그래픽 디자인 일을 하면서 둘째 딸 에이미도 갖게 되지요.

남편인 도널드가 그림책 작가로 성공한 뒤에도 앤은 머뭇거리고 있었어요. 그러다 남편과 그의 편집자인 수잔 허쉬맨의 권고에 마음이 움직이기 시작했고, 마냥 작고 어리기만 할 것 같던 딸들이 야무지게 자라, 엄마 품을 떠나 바깥세상으로 날아간다고 생각하니 그 애들이 아장아장 걷던 어린 시절의 추억들이 물밀듯이 떠올랐지요. 그것을 소재로 1982년에 *When You Were a Baby*(네가 아기였을 때)와 *Two Bear Cups*(아기 곰 두 마리)를 선보인 앤은 다음 해에 빼어난 시각적 묘미를 보여 주는 흑백 그림책 『기묘한 왕복 여행』으로 찬사를 받은 거예요.

그러나 앤은 이 책으로 다 못한 이야기가 있었나 봅니다. 몇 년 뒤에 나온 『바로 또 거꾸로 *Reflections*』도 이와 똑같은 구성이거든요. 흑백이 아니라 다채로운 색상을 썼다는 점만 다르네요. 아이는 침대에 누워 창 너머로 동터 오르는 하늘을 바라봅니다. 푸른 새벽빛으로 물든 방, 아이 생각에 이곳은 바닷가예요. 다음 장을 넘기면 창과 침대는 보이지 않고 이제 상상의 세계가 펼쳐지지요.

나무, 트리 하우스, 하늘, 바다가 보이는군요. 다음 장으로 가면 바다는 붉은 햇빛으로 물들어 있고, 어부들은 일을 합니다. 비가 내리고, 다시 해가 뜨고, 아이는 보트 선착장에 갔다가 해변, 방앗간 뒤쪽, 과수원을 거쳐 숲 속 깊이 들어옵니다. 왠지 좀 으스스하다 싶은 아이는 뒤돌아 가려 합니다. (이 시점에서 독자는 책을 거꾸로 돌려야 하고요.)

그러면 여태 보았던 풍경이 다른 풍경으로 바뀌는군요. 숲 속은 연못으로 보이고, 하얀 자작나무의 녹색 옹이들은 연못의 개구리들로 보이네요. 과수원의 풀밭은 나무 윗부분으로 보이고, 하늘은 연못으로 바뀝니다. 방앗간의 물방아는 축제의 놀이기구로, 산에 볼록볼록 들어찬 나무들은 놀이기구를 타려고 줄지어 선 사람들로 보이네요.

아이는 오리에게 먹이를 주고, 식당에서 저녁밥을 먹어요. 거기선 해가 지는 것도 볼 수 있지요. 그 장면은 바로, 어부들이 붉은 햇살을 받으며 일하러 나간 바다 장면이었어요. 어부의 배는 경비행기로 보이네요. 그리고 멀리 점점이 보이던 작은 배들은 거꾸로 보니 저녁 하늘에 날고 있는 새들이군요. 마지막 장면은 아이가 다시 돌아와 침대에서 누운 장면입니다. 아침 햇살로 노랗고 붉게 물들어 가던 창밖 하늘은 이제 어스름 저녁 하늘로 보이는군요.

이 책에서 가장 아름다운 장면은 아이가 침대에 엎드려 창밖 하늘을 물끄러미 바라보는 첫 장면입니다. 배경 전체가 하늘인지 바다인지 모르게 같은 색이고 침대는 마치 상상의 세계로 이끌어 주는 배처럼 그 '하늘=바다'인 곳에 둥실 떠 있지요. 창밖에서 노랗고 붉은 빛이 서서히 차오르면 아이의 환상 여행은 다채로운 색상으로 어우러질 테니, 흑백 그림책으로는 표현해 내지 못할 대단히 아름다운 장면이지요. 그녀는 어린이들이 상상력을 뻗어 나갈 수 있게끔 다양한 방법을 탐구하면서 시각 놀이를 담은 책들을 디자인하는 데 매혹을 느낀다고 해요.

책을 바로 보기도 하고 거꾸로 뒤집어 보기도 하면서 바뀐 시각에 따른 놀이를 즐길 수

『조각이불』, 비룡소, 2001

도 있지만, 앤은 다른 방법도 모색해 보았어요. '매직 아이' 비슷하다고나 할까요? 어떤 무늬를 계속 들여다보면 낯설고 새로운 세상이 떠오르는 거지요. 그녀는 퀼트 이불의 조각 천을 소재로 삼습니다.

『조각이불 The Quilt』을 펼치면 제 어머니의 재봉틀처럼 낡은 검정색 손재봉틀이 보이고 폭신폭신한 퀼트 이불은 봉긋합니다. 내복 바람의 아이가 이불을 들추고 나오는군요. 아이는 강아지 인형인 샐리를 이불 위에 눕히고 알록달록한 조각 천 탐험을 시작합니다. 이불 이쪽은 아기 때 입던 잠옷, 이쪽은 세 살 생일 때 입었던 윗옷, 저쪽은 가장 좋아하던 바지의 천이지요. 이불이 마치 작은 마을 같다고 생각하는 순간 하얀 달이 뜨고, 창문에서 반짝이는 별들이 쏟아져 내리며 아이의 환상 여행이 시작됩니다.

강아지 인형 샐리는 진짜 강아지가 되어 어디론가 없어집니다. 아이는 샐리를 찾아 헤매며 서커스장 안에도 들어가고, 마을 곳곳을 찾아다니기도 하고, 꽃밭을 찾아 헤매기도 하고, 무시무시한 터널도 지나고, 요트가 떠 있는 강가에도 가 보고, 터널보다 더 무서운 숲 속도 지나 낭떠러지 밑에 떨어져 있는 샐리를 찾아냅니다. 서커스장, 마을, 꽃밭, 터널 등등은 모두 조각 천의 무늬를 보고 상상한 내용이지요.

주목할 것은, 환상 여행의 시작과 시간의 흐름을 알려 주는 창문과 액자입니다. 샐리의 방 벽에는 동그란 코끼리 액자가 걸려 있어요. 그리고 창문에 비치는 바깥 하늘은 연푸른 색입니다. 그런데 아이가 이불 위에서 뒹굴거리며 조각 헝겊 탐험을 하는 동안 코끼리 액자에 점차 하얀 빛이 들어오고 창문의 빛은 점점 짙어지더니 액자는 완전히 새하얀 달로 바뀌고 창밖의 하늘은 새까만 색으로 바뀌며 별이 쏟아져 들어오고 이불은 마을로 변신하지요. 게다가 현실 세계를 뜻한다고 볼 수 있는 하얀 창틀도 없어지지요. 그러나 현실로 다시 돌아왔을 때 창틀도 다시 생겨나고 창밖은 노란 햇살로 눈이 부십니다.

또 하나는 주인공과 강아지 인형의 위치입니다. 이불 한가운데서 뒹굴던 아이는 점차 구석으로 가서 코끼리 액자가 달로 거의 바뀌는 장면에서는 이미 바닥으로 떨어졌는지 팔만 보이고 인형 샐리를 잡고 있던 손은 느슨하게 풀려 있어요. 그리고 환상 장면이 시작되는 순간, 샐리는 침대 밑으로 툭 떨어져 버리지요. 환상 여행 내내 샐리를 찾아다니던 아이는 절벽 밑에 떨어져 있는 샐리를 발견합니다. 그 절벽은 바로 침대보였고 둘은 온밤 내내 침대 밑에서 퀼트 이불을 감고 자며 환상 여행을 했던 거지요.

사실, 저희 집에도 비슷한 조각이불이 있습니다. 어린 손님들을 맞게 되면 내놓는 장난감 통 안에는 딸애가 어렸을 때 쓰던 물건 중 가장 소중한 것 몇 가지가 담겨 있어요. 꼬마 손님들은 장난감 피자도 잘라 보고, 알록달록한 천으로 된 물고기도 가슴에 안아 보다가 작은 조각이불에 눈길을 보내곤 합니다. 인형에게 덮어 주는 그 조각이불에는 제 아이의 어린 시절 역사가 담겨 있지요. 아이가 입던 원피스, 잠옷, 바지 등을 거기서 발견할 수 있거든요. 가끔 빛바랜 사진 속에서 조각이불의 한 조각과 똑같은 천으로 만든 옷을 입고 있는 아이 모습이 나오기도 하지요. 그 조각이불을 모티프 삼아 그림책을 만들고 싶다는 생각을 오래전에 했었는데, 앤 조나스의 『조각이불』을 보고, 하늘 아래 새로운 것은 없어, 하며 픽 웃었어요. 하지만 어떤 의미에선 지극히 새롭지요. 천 조각 올올이 섬세하게 담긴 추억들은 모두 다를 테니까요.

『아슬아슬한 여행』, 비룡소, 2004

학교 가는 길에 뭉게뭉게 피어난 상상도 저마다 다르답니다. 존 버닝햄의 『지각대장 존 John Patrick Norman McHeenessy: The Boy Who Was Alwasy Late』과 앤 조나스의 『아슬아슬한 여행 The Trek』은 똑같이 학교 가는 길의 상상 여행을 보여 주지만 주제는 다르지요. 존 버닝햄은 아이와 어른 간의 소통 부재를 다루고 있고, 앤 조나스는 아이가 처음으로 홀로 학교 가는 길을 밀림이라 여기며 뚫고 가는 모습을 다루고 있지요. 그리고 한 가지 더! 앤 조나스는 시각 놀이를 보여 주지요. 위장을 한 동물들을 일상의 풍경에서 찾아내는 놀이예요.

엄마가 어느 날, 이제 학교에 데려다 주지 않겠다고 합니다. 아이는 바깥세상이 밀림이라는 것을 알고 있지만, 엄마는 그걸 전혀 모르거든요. 아이는 가방을 메고, 빨간 도시락 통을 들고 길을 나섭니다. 옆집의 돌바닥 보도에서 악어 모습이 흘깃 보이고, 가는 풀들 속에 호랑이가 숨어 있군요. 무리 지어 핀 꽃들은 양이고, 둥글둥글 잘 다듬어 놓은 녹색 정원수는 오랑우탄들, 기다란 굴뚝은 바로 기린이에요. 동네 공원에 서 있는 회색 나무들은 가지 대신 엄니를 길게 뻗은 코끼리 떼지요. 아이는 친구와 함께 모래언덕 밑으로 숨어서 사막을 건너고 과일가게 앞에서는 입을 커다랗게 벌린 하마 앞을 지나가지요. 그런데 하마의 빨간 입은 바로 반으로 자른 수박! 커피가게 앞에서는 접어 놓은 신문들이 백조가 되어 앉아 있네요. 마침내 도마뱀들이 담쟁이덩굴로 벽에 달라붙어 있는 학교에 무사히 도착하지요.

작가는 영리하게 어느 하나 튀는 색이 없는 수채화의 흐릿한 효과를 살려 굴뚝이나 덤불, 바위, 나무로 위장하고 있는 동물들을 잘 알아보지 못하게 하였어요. 그리고 부록으로 이 그림책에서 찾아낼 수 있는 동물들(무려 36마리!)을 좀 더 또렷하게 그려 독자에게 보여 주지요. 원제목은 'The Trek'이에요. 히말라야 트레킹이라고 할 때의 그 trek이지요. 힘겹게 여행한다는 뜻인데, 번역본 제목인 '아슬아슬한 여행'은 위험천만한 길을 어렵게 헤쳐 나가는 과정을 잘 살린 좋은 제목이죠?

우리나라에는 번역이 되지 않은 책들도 있어요. *Color Dance*(색깔 춤)는 어린이들이 색색의 천을 들고 나와 무대에서 춤을 추고, 천들은 어우러지거나 겹쳐지며 많은 색들을 만들어 내지요. 각각 빨간색, 노란색, 파란색 천을 든 아이들이 나와 춤추면 겹쳐지는 부분들이 주황색, 보라색, 녹색이 되고, 때로는 몇 겹으로 겹쳐져 같은 녹색 계열이라도 여러 다른 색조를 보여 주지요. 색상 표현이 정확치 않은 것은 단점이에요. 빨간색은 분홍색이 많이 섞인 색이고, 파란색도 청록색 같은 분위기라, 색상에 민감한 독자에겐 아쉬운 점으로 남을 것 같군요.

수채화로 부드럽게 그린 그림은 레오 리오니의 『파랑이와 노랑이 *Little Blue and Little Yellow*』의 분위기도 슬며시 나는데, 앤 조나스의 책에는 등장인물이 여러 인종이라는 게 다르지요. 빨간 천을 들고 나온 여자아이는 갈색 머리로 눈이 크고 통통한 남미계 아이 같아요. 노란 천을 들고 있는 아이는 금발의 백인 여자아이이고, 파란 천을 든 아이는 꼬불꼬불한 검은 머리 흑인 남자아이지요. 나중에 흰 천과 검은 천, 회색 천을 번갈아 들고 나오는 아이는 검은 직모를 가진 아시아계 남자아이지요. 앤 조나스 자신이 백인이고 남편인 도널드 크루즈는 흑인인 데다, 흑인과 백인이 결혼하면 흑인 쪽 유전자가 우성이라서 딸들의 겉모습이 아빠를 닮은 것을 보아, 다문화 아이들을 그림책에 등장시키는 데 어쩌면 사명감을 느꼈을 거라고 미루어 생각해 봅니다. 숫자놀이 그림책인 『풍덩풍덩! 몇 마리가 있나요? Splash!』에도 흑인 여자아이가 나오거든요.

어렸을 때는 그림책 작가가 되겠다고 생각해 본 적이 전혀 없었지만, 지금은 어린이책이 주는 많은 가능성이 매우 즐겁고 만족스럽답니다. 그녀는 자신의 그림책 작업에 대한 자부심을 이렇게 표현합니다.

> 내가 어린이의 상상력을 풍부하게 만들고, 내면의 관심사를 조금이나마 다룰 수 있다면, 나는 그 아이를 최대한 도운 거라고 생각해요.[15]

상상력에 날개를 달아 주는 즐거움을 앤 조나스는 혼자만 누리지 않고 딸에게 물려주어요. 딸인 니나 크루즈도 사진과 이야기를 엮어 만드는 그림책 작가가 되었어요. 2004년에는 뉴저지 주의 뉴아크 도서관에서 크루즈 가족의 그림을 전시하기도 했어요. 도널드 크루즈의 『화물 열차 Freight Train』, 앤 조나스의 Color Dance, 딸인 니나 크루즈의 사진 그림책인 One Hot Summer Day(무더운 어느 여름 날)의 원화들이 포함되었지요.

앤은 이제 팔순이 다 되었으니 얼마나 더 그림책을 그릴지 알 수 없지만, 그동안 그녀가 세상에 선물한 시각 놀이 그림책들 덕분에 많은 이들이 고정관념을 깨고 새로운 각도에서 멋진 상상의 세계를 경험할 수 있었지요. 고마워요, 앤 할머니!

3

나의 세상,
우리의 세상

볼프 에를부르흐   베아트리체 알레마냐   제럴드 맥더멋

배경 그림ⓒ제럴드 맥더멋

Wolf Erlbruch

똥 그림에서 철학적 주제까지

볼프 에를부르흐

1948년 독일 부퍼탈에서 태어났습니다. 대학에서 그래픽 디자인을 공부하고 『에스콰이어』나 『슈테른』 같은 잡지에 그림이 실렸습니다. 1985년부터 그림책 작가로 활동하기 시작해서 1993년에 그림책 『아빠가 되고 싶어요』로 독일 아동문학상 그림책 부문을 받았고, 2003년 『생각을 만드는 책』으로 독일 청소년 특별문학상과 구텐베르그 상을 수상했습니다. 작품으로 『둘이서 사랑해』『내가 함께 있을게』『커다란 질문』『누가 내 머리에 똥 쌌어?』 등이 있습니다. 2006년에 한스 크리스티안 안데르센 상을 수상했습니다.

언젠가 새똥을 머리에 맞은 적이 있어요. 톡 떨어진 물기 있는 느낌이 이상해서 손으로 만져 봤더니 묻어난 것은 희끄무레하면서도 요상한 색깔에 묘한 냄새까지 풍기는 그 무엇…. 그렇다고 제가 날아가는 새에게 눈 흘기며 돌팔매질을 할 수도 없고, 그저 "흠, 새 똥을 맞았으니 오늘은 재수가 좋겠구나!" 하는 정도의 생각만 했죠. 흔히들 그런 것 맞으면 재수 나쁘다고 하지만, 저는 뭐든 특이한 일이 일어나면 좋은 거라고 생각해 버리는 습관이 있거든요. 그게 정신 건강에 좋으니까요. 그런데 『누가 내 머리에 똥 쌌어? *Vom Kleinen Maulwnrf, der wissen wollte, wer ihm auf den Kopf gemacht hat*』의 두더지는 분기탱천해 있네요.

해가 떴나 안 떴나 알아보려고 땅 위로 고개를 쑥 내민 두더지. 바로 그때 이상한 일이 일어납니다. 몽글몽글하고 길고 갈색을 띤 뭔가가 머리에 철퍼덕 떨어진 거예요. 그건 바로 똥이었지요. 두더지는 "누가 내 머리에 똥 쌌어?" 하고 꽥 소리를 지릅니다. 그리고 그 똥을 머리에 인 채, 동물들을 찾아다니지요. 비둘기에게 물어보니 그건 내 똥 아니라며, 자기 똥은 이렇게 생겼다며 하얀 물똥을 철썩. 말은 큼직하고 굵은 똥을 쿠당탕. 토끼는 까만 콩같이 생긴 작은 똥들을 타타타…. 다들 직접 똥을 발사해서 증거를 댑니다. 도무지 범인이 안 잡혀 두더지는 앙앙불락하다가 우연히 원군을 만났어요. 살찐 파리 두 마리가 똥 냄새를 맡더니 '개'가 한 짓이라고 가르쳐 주거든요. 그래서 두더지는 어떻게 했을까요? 낮잠을 자고 있는 정육점 개인 뚱뚱이 한스에게 찾아가 작고 곶감 씨 같은 까만 똥을 한스의 널따란 이마에 슝 하고 떨어뜨리고는 기분 좋게 웃으며 땅속으로 들어갔답니다.

『누가 내 머리에 똥 쌌어?』, 사계절, 2002

방귀소리만 뽕뽕 나와도 아이들은 깔깔거리는데, 온갖 똥이 다양한 모양으로 질펀하게 나오는 책을 보고 숨넘어가게 웃지 않을 아이들(+어른들)은 없겠지요. 인간의 똥도 전날 무엇을 먹었는지에 따라 냄새와 색깔과 모양이 다른데, 동물들이 한 종류만 나오는 것도 아니고 그들의 다양한 똥에 대해 작가는 할 말이 많았나 봐요. 냄새 부분은 묘사가 안 되어 안타깝지만, (똥이란 다 '구린' 거 아니냐고요? 아니요. 저는 포도를 먹으면 다음 날 볼 일을 볼 때 포도 발효된 냄새가 난답니다.) '타타타', '오동당동당'처럼 똥 떨어지는 소리가 들어간 덕분에 이야기가 더욱 재미있지요. (이 부분은 특히, 번역자의 공을 높이 사야겠지요.)

글 작가인 베르너 홀츠바르트의 글도 물론 재미있지만, 그림 작가인 볼프 에를브루흐의 그림이 아니라면 이토록 책이 재미있진 않았을 거예요. 표지를 예로 들자면, 갸우뚱하는 귀여운 동물 모습으로 처리할 수도 있었겠지만 볼프 아저씨는 잔뜩 열을 받은 두더지가 똥을 모자처럼 얹고 씩씩거리며 가는 모습을 그려 내서 앞으로 이 책의 내용이 탐정 놀이로 전개될 것임을 슬쩍 보여 주지요. 각 동물의 모습도 매우 재미납니다. 토끼를 보세요. 깜짝 놀랄 때는 먹고 있던 홍당무를 떨어뜨릴 정도고, 두더지에게 자기 똥을 보여 줄 때는 똥구멍에서 까만 콩처럼 생긴 것들을 타타타 쏟아 내면서 매우 자랑스러운 표정이지요. 꿈을 꾸듯 몽롱한 표정으로 새알 초콜릿 같은 똥을 누는 염소 또한 우스꽝스럽습니다. 베르너 아저씨의 말에 의하면, 원래는 이 부분이 고양이였대요. 그런데 볼프 아저씨가 바꾸겠다고 해서 기쁜 마음으로 동의했다네요.

베르너 아저씨의 아들인 줄리안이 세 살 때 가장 흥미를 느꼈던 게 바로 개똥이었답니다. 공원을 산책하다 보면 아들아이가 개똥을 축구공 삼아 하도 분주하게 굴어, 그거 못하게 하느라 바빴었대요. 집에서도 변기 속에 풍당 빠뜨린 그 무엇에 대해 궁금해 하는 것을 보고, 아저씨는 똥에 관한 책을 사 주려고 책방에 갔는데, 웬걸? 관련된 책이 없지 뭐예요. 그래서 베르너 아저씨는 그럼 내가 만들자, 생각했지요. 먼저 이야기 구조를 짠 뒤, 프랑크푸르트 북 페어에서 자신의 아이디어를 팔아 보려 했지만, 솔깃한 모습을 보인 거대 출판사들은 없었어요.

'똥이라니! 아이고 더러워라!' '대체 어느 부모가 그런 책을 자식에게 사 주겠느냐?' '서점에 진열도 못할 거다', 이렇게 그들은 생각했겠지요. 아이디어만 가지고는 안 되겠어서 베르너 아저씨는 광고회사의 카피라이터로 일하던 때에 알게 된 프리랜서 삽화가 볼프 아저씨에게 그림을 맡기기로 했어요. 그런데 초안이 기발하고 재미난 거예요. 그리고 여기서는 고양이보다 염소가 낫다는 그림 작가 볼프 씨의 의견에 베르너 씨는 무한 동감 표시. 덕분에 우리는 조는 듯, 조으는 듯, 몽롱한 염소 그림을 볼 수 있게 된 거예요.

볼프 아저씨는 돼지 부분도 참 재치 있게 그렸어요. 두더지가 "네가 내 머리에 똥 쌌지?" 하며 삿대질하는 장면에서는 손가락이 돼지 콧구멍 안으로 쑥 들어가네요. 대단히 살집 좋은 돼지 엉덩이와, 거기 도르르 매달린 짧은 꼬리는 대조적이고, 묽은 똥은 큼직한 엉덩이와는 어울리지 않게 적은 데다, 떨어질 때의 냄새는 아이스크림 콘 모양으로 표현되어 있어 우스꽝스럽군요. 제가 예전에 동물 농장에 갔다가 돼지가 오줌 누는 것을 본 적 있는데, 정말이지 호스에서 물이 콸콸 쏟아져 나오는 줄 알았어요. 그런데 이 책을 보니 돼지는 엄청난 오줌 양에 비해 똥이 상당히 적군요.

전 이 돼지가 이미 1차분은 쏟아 냈고, 자신의 결백을 증명하기 위해 억지로 조금 더 짜낸 게 아닐까 생각했는데, 볼프 아저씨는 똥을 제대로 그리기 위해 실제 동물들의 똥의 색깔과 특징, 그리고 분량까지 정확히 분석한 후에 그렸다는군요. 이 책에서 볼프 아저씨가 보인 기법, 즉 크레용과 물감으로 그림을 따로 그리고 오려 붙여 질감을 표현해 낸 콜라주와, 꼭 필요한 것만 그리고 나머지는 다 생략해 여백을 넉넉히 두는 것은 그 뒤에 나오는 책에서도 계속 반복되지요.

이 책은 27개 이상의 언어로 번역되고 220만 부 넘게 팔리며 고전 중의 고전이 되었고, 독일 아동청소년문학상 후보에 올랐어요. 이후 다른 작가들도 똥에 관심을 보여 관련 그림책들이 많이 나오게 되지요. 볼프 에를브루흐는 (번역서마다 볼프 에를브루흐, 에를부르흐, 예를브루흐, 울프 에를루흐 등 여러 이름으로 표기되어 있어요. 그래서 책 찾기가 힘들어요.) 1948년 독일 부퍼탈에서 태어나 에센의 폴크방 조형학교에서 그래픽 디자인을 공부했어요. 사회에 나와 오랫동안 광고 일러스트레이터로 활동하면서 『에스콰이어』 『뉴욕』 『슈테른』 같은 세계적인 잡지에 그림을 그렸는데, 1985년에 제임스 애그레이의 『날고 싶지 않은 독수리 The Eagle That Would Not Fly』에 삽화를 그려 그림책 세상에 데뷔했어요. 위에 소개한 베르너 홀즈바르트 글에 삽화를 그린 『누가 내 머리에 똥 쌌어?』가 홈런을 날려, 세계적으로 유명해졌지요. 이 책은 유쾌하고 재미있지만, 작가의 다른 그림책들, 특히 자신이 글과 그림을 도맡은 온전한 자기 책들의 주제는 상당히 심각하고 무겁답니다. 존재론적인 의미를 찾는 철학적 주제를 다룬 책이 대부분이지요. 그는 어린이책의 90퍼센트는 불필요한 것이라고 냉정하게 비판했어요.

    출판사들이 어린이책으로 돈을 벌 수 있다는 것을 알게 되면서부터, 어린이책은 돈 버는 확실한 수단이라는 의미를 가지게 됩니다. 출판사들의 책 목록을 슬쩍 보면 같은 주제와 같은 미학으로 넘쳐납니다. 그것들은 아주 잘 팔릴 것이 확실한, 특정한 규범을 고수하지요. 그러니 당연히 엄청난 잉여물이 쏟아져 나온 겁니다. 90퍼센트는 좀 과장이겠지만, 그렇다고 지나친 것도 아닙니다.[16]

그렇다면, 좋은 어린이책을 만들려면 어떻게 해야 할까요? 그의 말을 들어보지요.

    어린이들에게 말을 거는 이라면 자신의 삶과 직접적으로 관계된 것들을 이야기해야만 합니다. 글 작가와 그림 작가들은 자신의 경험을 이끌어낼 때 확실한 주관을 가지고 그 세계를 아이들에게 조금씩 들려주어야 하지요. 아이들은 지극히 진실하고 정직한 이야기들을 들으며 자기 나름대로의 이미지를 만들고 아이디어를 얻을 수 있어야 합니다.[17]

그럼 그가 글도 쓰고 그림도 그린, '자신만의' 그림책들은 어떤지 한번 살펴볼까요?

『커다란 질문The Big Question』에서 그는 "넌 왜 여기 있니?(Why are you here?)"라며 그야말로 엄청나게 커다란 질문을 던지지요. 번역본에서는 '왜 태어났는지, 왜 세상에 왔는지'로 살짝 바꾸어 놓았지만, 그렇게 되면 원문과 의미가 조금 다른 것 같아요. 내가 지금 현재 여기 존재하는 이유에 대해 생각해 보라는 의미로 저는 받아들이고 있거든요. 어른들이 보기엔 이렇게 난감한 철학적 질문은 골치 아픈 것 같지만, 등장인물들은 각자 자신의 입장에서 간단하고 발랄하게 대답해요.

예를 들어 형은 생일 케이크 촛불을 훅, 불어 끄면서 "네 생일을 축하하기 위해"라고 말하고, 비행기 조종사는 "넌 구름과 입맞춤하려고 세상에 태어난 거야."라고 말하지요. 새는 "너만의 노래를 부르기 위해서야!", 빵집 주인은 "아침에 일찍 일어나려고"라고 하지요. (제빵사는 예로부터 힘든 직업군에 속하지요. 밤을 새워 빵을 만들어 아침에 파는, 낮밤이 뒤집어 생활하는 직업이라, 중세 때는 마을 처녀들이 제빵사와 결혼하는 것을 꺼리기도 했다네요.) 씨앗을 뿌리고 그것이 자라 꽃 피고 열매 맺는 것을 봐야 하는 정원사는 참을성을 배우기 위해 존재한다고 말하지요. 그런데 인간이나 새에게만 질문하는 게 아니라 무생물에게까지 질문을 던졌다는 게 매우 독특하고 흥미롭군요. 바위와 숫자 3의 대답은 과연 무엇일까요? 그리고 죽음은 무엇이라고 대답할까요? 꼭 찾아보세요. 그리고 마지막에는 독자가 직접 자신의 대답을 써볼 수 있는 넉넉한 빈칸이 마련되어 있습니다.

모눈종이를 오려 붙이고, 포크 사진, 악보까지 활용해서 콜라주한 그림은 마치 우리가 매우 복잡한 임무를 완수하려고 여기 존재하는 게 아니라, 보다 단순한 이유로 여기 있다는 것을 알리려는 듯, 최대한 간결한 외곽선으로 처리되어 있어요. 게다가 아무 무늬도 없는 옅은 색 배경은 앞으로도 에를브루흐 그림책의 특징으로 나타난답니다. 작가는 이 여백은 독자들이 상상력을 불러일으키는 용도라고 말한 바 있어요. 철학적 질문과 저마다의 대답이 신선한 이 책은 2004년 볼로냐 국제 아동도서전에서 라가치 상을 받았어요.

볼프 아저씨는 『날아라, 꼬마 지빠귀야Frau Meier, Die Amsel』에서도 삶에 대한 질문

『날아라, 꼬마 지빠귀야』, 웅진주니어, 2006

을 하고 있어요. 우리는 삶에서 무엇을 추구하는 것일까요? 이 책의 주인공인 마이어 부인은 마치 걱정을 하기 위해 사는 것 같아요. 하루해가 걱정으로 떴다가 걱정으로 저무니까요. 앤서니 브라운의 『겁쟁이 빌리 Silly Billy』에서 빌리는 걱정인형으로 그것을 해결하던데, 『날아라, 꼬마 지빠귀야』에서 마이어 부인은 어떻게 걱정을 털어 내고 당당한 자기 삶을 살게 될까요.

마이어 부인은 단추가 떨어질까봐, 케이크에 건포도를 너무 적게 넣은 건 아닌지, 정원 위로 날아다니는 비행기가 추락할까봐… 하루 종일 걱정으로 가득했어요. 하지만 마이어 씨는 세상에 걱정이라고는 하나도 없는 사람이지요. 어차피 인간의 뜻대로 되는 일은 없다며, 박하차를 끓여 걱정 많은 아내에게 주곤 했어요. 그렇게 나날이 새로운 걱정을 쟁여 놓고 사는 마이어 부인 앞에도 제대로 나지 않은 작은 새 한 마리가 나타나 노란 주둥이를 벌리는 거예요.

이제까지의 걱정은 쌩하니 사라져 버리고, 마이어 부인은 오로지 그 작은 새를 잘 거두기 위해 모자를 둥지 삼고 애벌레들을 먹이로 잡아다 주는 등 온갖 노력을 다 했어요. 그러던 어느 날 꼬맹이 새가 식탁 가장자리에서 떨어지자, 마이어 부인은 새에게 나는 법을 가르쳐 줘야 할 때가 온 것을 알았지요. 그래서 나무에 올라가 팔을 파닥파닥 저어 보았지만, 꼬맹이 새는 꼼짝도 하지 않았어요. 하릴없이 둘은 막연히 앞만 보고 앉아 있었는데, 석양에 잠긴 푸른 초원, 구름 두 조각이 나란히 흘러가는 하늘을 보면서 문득 묘한 느낌이 스치고, 마이어 부인은 살그머니 날 수 있게 되었어요. 물론 꼬맹이도 마이어 부인을 따라 하늘을 날게 되었지요. 그래서 둘은 목장까지 날아가고, 다음 날 아침 식사를 마치고 또 날아다녔다는 이야기.

마이어 부인이야 날마다 안 해도 될 걱정까지 하느라 부대끼다 단 하나 사랑에 집중하면서 환하게 열린 새로운 세상을 만난 것이지만, 마이어 부인과 달리 처음부터 편안했던 사람도 있지요. 남편인 마이어 씨가 그래요. 그는 볼프 아저씨와 매우 닮았어요. 마치 거울을 보고 좀 더 순하게 그린 자화상 같은 느낌을 주지요. 몸집은 풍성해도 얼굴은 걱정에 쪼그라들어 있는 아내와 달리 남편은 매사 흐뭇하고 오늘은 오늘의 태양이 뜨는데 무슨 상관이냐는 투예요. 작가는 일본 목판화에 영감을 받았다는데, 이 책에서는 그것이 마이어 씨의 수묵화로 슬쩍 드러나고 있군요. 또한 사냥의 본성을 가진 고양이조차 이 책에서는 새에게 덤벼들기는커녕 그런 것 따위는 초연하다는 표정으로 편안히 의자에 앉아 있지요.

작가는 마이어 부인을 매우 매력적으로 묘사했어요. 다른 책에서 인물과 동물들을 뾰족뾰족하게 그린 것과 달리 마이어 부인은 얼굴은 조막만 하지만 몸집은 커다랗고 푸근한 인물로 그리지요. 엄청난 팔뚝과 불룩한 엉덩이 등 몸의 각 부분은 과장되어 있는 반면 눈은 단지 점 하나로 끝나요. 그 눈은 마이어 부인의 소심함을 은근히 드러내지요. 하지만 일로 다져진 중년의 커다란 몸집은 마치 부피가 크면 물에서 부력을 더 많이 받듯이 일단 마음이 맑아지자 공중에서 편안하게 잘 떠다닐 수 있는 역할을 하는군요. 마이어 부인이 꼬맹이 새와 함께 나뭇가지에 앉아 평온함 내지는 무념무상을 느끼는 장면을 보면 몰리 뱅의 『쏘피가 화나면 정말, 정말 화나면… *When Sophie Gets Angry-Really, Really Angry…*』이 떠오르는군요. 쏘피의 경우, 가슴 속에 차올랐던 불꽃 같은 화가 서서히 누그러지며 자연의 풍경이 눈에 들어오지만, 마이어 부인은 불안한 마음이 시나브로 사라지며 마음이 평온해진답니다. 그래서 이제는 걱정으로 무거운 인간의 뼈가, 새들의 텅 빈 뼈처럼 가벼워져 날 수 있게 되었나 봐요.

그렇게 열린 새로운 삶도 죽음과 영원한 동반자라는 사실은 저버릴 수 없지요. 『아기 곰의 하늘나라 *Un Paradis pour Petit Ours*』에서 이 땅을 돌아다니며 천국을 찾아다니는 아기 곰을 그렸던 그는 『내가 함께 있을게 *Ente, Tod und Tulpe*』에서는 죽음을 직접적으로 다루지요. 죽음은 그림책에서 그다지 반기지 않는 주제지만, 우리가 사는 세상이 생명체로 이루어진 세상인 한, 피해갈 수 없는 주제기도 하지요.

저도 제 아이가 어렸을 때 죽음에 관해 가끔 이야기하곤 했지만, 그것은 죽음 이후의 세상을 밝고 예쁘게 묘사한 데 지나지 않았어요. 이를테면 엄마가 죽어서 하늘의 별이 되면, 저 많은 별 중에서 어느 것이 엄마별인지 어떻게 알아보느냐는 질문에, 집 앞에 가장 크게 반짝반짝 떠 있는 게 엄마다, 뭐 그런 답변 정도였지요. 또 키우던 금붕어가 죽은 적이 있고, 할아버지의 장례식도 치렀지만, 그것은 사실 '나'의 죽음이 아닌 '주변'의 죽음이었지요. 그런데 『내가 함께 있을게』에서는 '나의 죽음'에 대해 직접적으로 다루고 있어요.

이 책의 원제목 *Ente, Tod und Tulpe*는 '오리, 죽음 그리고 튤립'이에요. 여기서 죽음은 일반 명사가 아니라 '저승사자'를 뜻하지요. 튤립은 뭐냐고요? 저승사자가 들고 다니는 검붉은 꽃이니 우리 문화로 치면 '흰 국화'겠지요.

문득 누가 뒤를 슬그머니 따라다니는 느낌이 들어 돌아본 오리. 해골 모양의 '죽음'이 검붉은 튤립 한 송이를 들고 있어 쭈뼛했지요. 이 죽음은 이미 『커다란 질문』에도 같은 모습으로 나타난 바 있어요. 왜 따라다니냐는 물음에, 만일을 대비해서 따라다닌다는 대답을 들은 오리는, 그 만일의 의미를 생각하고 오스스 소름이 돋았어요. 그러나 함께 다니면서 둘 사이에 점차 우정이 생겨납니다. 오리는 죽음을 연못에 데려가기도 하고, 따뜻하게 덮어 주기도 하지요. 그러다 죽음의 제안으로 둘은 나무 위에 올라 연못을 내려다봐요. 너무도 고요하고 쓸쓸한 그 모습에 오리는 자기가 죽으면 저렇게 되겠구나, 생각하지요. 하지만 죽음은 말해 줘요. 네가 죽으면 연못도 없는 거라고. 그러던 어느 날, 서늘한 바람이 깃털 속에 파고들고 오리는 가만히 누워 숨을 쉬지 않게 되었어요. 죽음은 오리를 조심스레 강물 위에 띄우고 위에 튤립을 얹고 살짝 밀었어요. 그리고 천천히 걷고 있는 죽음 옆에 여우와 토끼가 뛰어가네요. 이것은 또 무슨 의미일까요?

볼프 아저씨는 이 책을 만드는 데 10년이 걸렸다고 해요. 일단 죽음이란 주제는 잡았으나 그것을 단순하게 가져가야 하는 문제를 안게 되었지요. 때로는 방향을 너무 잘못 잡아 끝없이 철학적으로만 되었고, 글을 너무 길게 쓴 나머지 나중에는 읽고 싶지도 않을 정도였다고 해요. 그러다가 결국은 죽음이란 삶의 대척점이 아니라, 삶의 한 부분

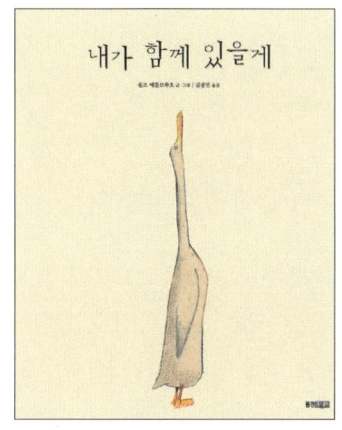

「내가 함께 있을게」, 웅진주니어, 2007

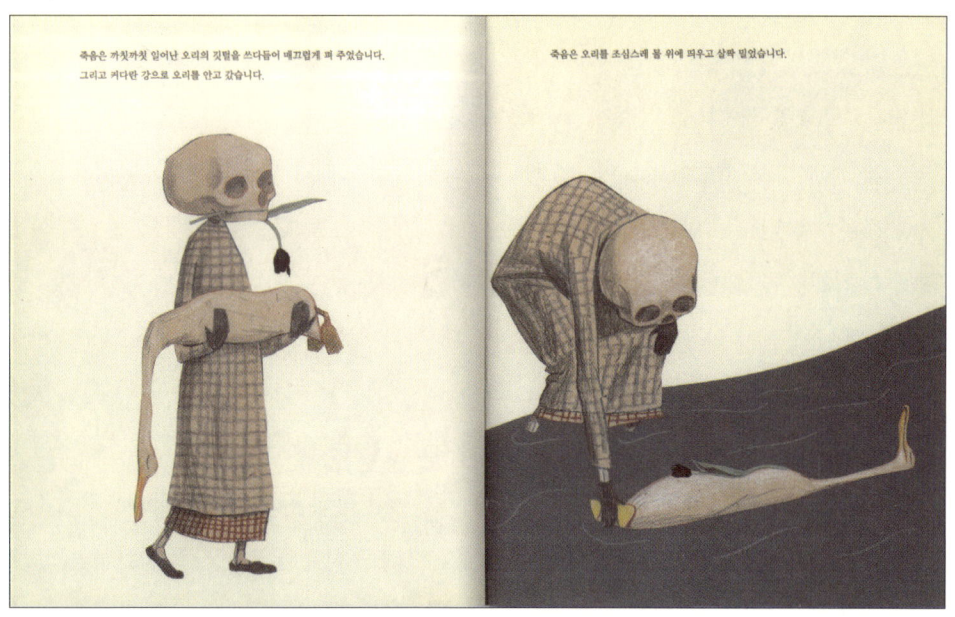

이라는 메시지로 정리되었지요. 오리가 죽음과 연못에서 함께 자맥질을 하며 노는 장면이나, 죽음에게 "추워? 내가 따뜻하게 해 줄까?" 하며 오리털 이불(!)을 덮어 주는 장면은 삶에 죽음이, 죽음에 삶이 스며들어가는 것을 은근히 드러내지요. 마지막 장면에서 활동적인 여우와 토끼가 죽음의 주위를 뛰어가는 모습은 죽음은 늘 삶과 함께 있음을 뜻하는 게 아닐까요?

그의 그림은 매우 간결해요. 딱 있어야 할 것만 있지요. 이를 테면, 오리와 오리가 살아 있음을 말해 주는 수레국화, 해골로 묘사되긴 했지만 살짝 따스한 면모를 보여주는 옷을 입고 있는 죽음과 그가 들고 있는 검붉은 튤립, 연못, 나무, 까마귀, 강물, 마지막의 여우와 토끼. 그뿐이지요. 콜라주로 처리한 이 그림 외에 나머지는 모두 하얀 여백입니다. 이 여백은 살아가며 우리가 채워야 할, 혹은 채웠다가 비우게 될 삶이겠지요. 그래도 작가가 하나 더 설명해 주었으면 좋았겠다 싶은 부분은 강물에 떠내려가는 오리… 그 후의 모습입니다. 이 책에서는 죽음은 삶의 한 부분이지만, 일단 숨을 거두면 또한 그것으로 끝이라는 게 선명히 보여서 아이들이 '그 후' 때문에 두려운 마음이 들지 않을까 싶네요. 저처럼 윤회설을 믿는 사람은 아이에게 영혼의 세계와 그 후의 태어남에 대해 열심히 설명해 주긴 하겠지만 말이지요.

이런 책이 어린이 서점에 놓여야 하는지에 대한 의견들은 제각각입니다. 특히 영어 출판계에서는 이것이 죽음에 대한 독특한 북유럽의 정서를 반영하며, 특이한 책으로 상 받는 것을 노린 자비출판 형태가 아닌지 의심하지요. 하지만 에를브루흐의 의견은 단호합니다. 그는 '영어 그림책들의 나긋나긋한 심미성'을 상당히 불만스러워하거든요.[18] 심도 있는 주제를 다루지 않는 것이 문화적 현상이자 마케팅 현상일 것이라고 한탄하는 그는, 심지어 한스 크리스찬 안데르센 수상자가 되었는데도 상을 받으러 가지 않았어요. 그가 보기엔 그게 인간들의 장난에 지나지 않거든요.

난 그 모든 명예를 받고 싶지 않아요. 만약 숲 속에서 어떤 사슴이 아주 멀리까지 펄쩍 뛸 수 있다 해도, 그 누구도 거기 상관하지 않을 것입니다. 오직 우리 인간들만이 우리를 조직하고, 서로에게 끊임없이 금메달과 상장들을 수여합니다. 그저 우리가 얼마나 중요한 존재인지를 잊지 않으려고 말이지요(…) 나에 비해 훨씬 중요한 것들을 만드는 사람들이 있지만, 로비가 부족해서 상을 못 받는 사람들이 있을 거라고 난 언제나 생각해요.[19]

가만히 보면 볼프 아저씨는 상당히 삐딱선을 타는 유형인데, 『못생긴 다섯 친구 Die fürchterlichen Fünf』에 그게 슬쩍 드러납니다. 못생긴 모습 때문에 자신감이 땅에 떨어진 두꺼비, 박쥐, 쥐, 거미가 신세 한탄을 하고 있는데, 하이에나가 나타나지요. 알다시피 하이에나는 동물 세계에서도 따돌림 받는 동물이지만 이 하이에나는 좀 특별하군요. 못생겨서 죄송한 게 아니라 못생기면 어떠냐, 행동만 잘하면 되는 거지, 라는 생각을 갖고 있어요. 그리고 색소폰을 꺼내 연주합니다.

그런데 가만히 보니 저마다 다 재주가 있는 거예요. 쥐는 기타를 잘 치고, 거미는 노래를 잘 하고, 박쥐는 휘파람을 잘 불어요. 게다가 두꺼비는 팬케이크를 맛있게 구울 줄 아는 걸요! 그래서 이들은 음악이 있는 팬케이크 가게를 열기로 했고, 열심히 준비해서 다른 동물들에게 초대장을 나누어 주었지만, 아무도 오지 않았어요. 눈물을 글썽이며 묵묵히 앉아 있던 이들…. 그러나 명랑한 하이에나가 기죽지 말고 우리끼리 파티를 열자고 제안해서, 모두들 신 나게 음악을 연주하며 즐거운 파티를 벌였지요. 그러자 온 마을에서 토끼, 고슴도치, 까마귀, 겨울잠쥐 등 모두 몰려와 근사한 밤을 즐겼다는 이야기.

표지에 나온 두꺼비의 표정은 잔뜩 우울해요. 하지만 마지막 장면에서 자기가 구운 팬케이크를 자랑스레 들고 있는 모습을 보면 으쓱으쓱 절로 기분이 좋아지지요. 아무리 못생겼어도 웃는 동물들의 모습은 환하기만 한 걸요!

여느 그림책에 나오는 동물들은 그래도 나름 귀여운 데가 있는데, 볼프 아저씨는 예쁘게 그려 주고 싶은 마음이 전혀 없었나 봅니다. 하긴, 제목부터 '못생긴 다섯 친구'니까요. 펜과 크레용, 색연필로 그린 그림들은 다소 거칠어서, 언뜻 보면 그림을 웬만큼 그리는 어린이가 그린 그림 같아요. 볼프 아저씨가 동물을 그릴 때는 특이하게 주둥이, 곧 부리를 유난히 강조해서 더욱 뾰족하게 그린답니다. 이 책에서 동물들 옷을 그릴 때 나름 궁리를 했나 봐요. 일본 그림을 좋아한다더니 두꺼비에게 일본 옷을 입혀 놓았네요. 잠옷 아니냐고요? 두꺼비가 신고 있는 신발이 따그닥거리는 게다예요. 게다가 부채도 들고 있고요. 다른 동물들은 대개 양복인데, 마을 동물들이 모두 몰려오는 장면에서 특이한 것은, 원숭이에게 어릿광대 옷을 입혀 놓았다는 것. 그리고 청소 동물인 하이에나의 특성을 살려, 양복 주머니에 손수건 대신 뼈다귀를 하나 꽂아 놓고, 이를 쑤시고 있군요.

별달리 웃기거나 가슴 뭉클한 이야기가 없고, 특별한 반전도 일어나지 않는 예측 가능한 이야기지만 이 책이 즐거운 까닭은 단순하기 때문이 아닌가 싶어요. 동물들도 귀엽거나 무섭게 그려지지 않고 단순히 못생기게 그려졌고, 이야기 구조도 단순하고, 결말도 단순한, 전혀 복잡하지 않은 책이라는 것. 게다가 자신의 결점에 좌절하는 못생긴 동물들과 더불어, 함께 슬퍼졌다가 자신만의 장점을 살리는 이야기에 금방 함께 즐거워지는 까닭은 누구나 결점을 갖지 않은 사람들은 없기에, 동물들의 고민에 감정이입이 되어 자신의 이야기로 읽고, 결말에 안심하게 되기 때문이 아닐까요?

제목이 제목이니만치 동물들이 예쁘게 그려지진 않았지만, 볼프 아저씨는 평소에도, 동물들은 아름답지 않다는 의견을 갖고 있어요. 당신이 그리는 인물들과 동물들은 사실상 아름답지 않은데 왜 그러느냐는 질문에 그는 이렇게 대답하지요.

그것은 우리도, 적어도 대부분은 그 말의 전형적인 의미로 보아 아름답지 않기 때문입니다. 모두 똑같은 성형외과 의사를 둔다면 끔찍할 것입니다. 거리를 걸으면서 모두들 지루해 미칠 지경이겠지요. 새로운 것을 전혀 보지 못할 테니까요.

동물들은 사실상, 아름답지 않고, 대단히 경이롭습니다. 그들은 "우린 이래."라는 삶에 대한 진지한 태도로 우리를 매혹시킵니다. 내가 책에서 다시 만들어 내려고 하는 것은 바로 이

경이로운 면입니다. 동물은 '다마고치화*'되어서는 안 됩니다. 오늘날, 들판에서 진짜 토끼를 본 아이들이 기겁을 하는 일도 생기곤 하지요. 그 아이들은 토끼들이 이렇게 생길 수 있다는 것을 상상해 본 적이 없기 때문입니다. 그들은 밝은 파란색을 띤 둥근 눈에 분홍색 코를 가진 토끼들을 상상하며 자랐습니다. 그러다가 이 괴물과 마주치는 것이지요. 그러나 토끼들은 이렇게 생겼습니다. 큼직하고 비쩍 마른데다, 심지어는 존경을 받는 엄정한 동물이지 귀여운 데라곤 전혀 없는 동물들입니다.[20]

그러니,『못생긴 다섯 친구』에서 볼프 아저씨가 동물들을 생긴 그 모습 그대로 묘사하려고 애쓴 것은 당연하지요. 그는 대단한 노력파입니다. 손을 놀리지 않기 위해 아침 신문을 읽다가 거기에 말 뒷다리를 그려 보기도 한다네요. 뿐만 아니라 초원에서 진짜 말을 찾아보기도 하고, 동물 해부학 책을 들여다보기도 한대요.

이밖에도 겨울잠에서 깨어나 예쁜 아기를 갖고 싶어 고민을 하는 커다란 곰을 그린『아빠가 되고 싶어요 Das Bärenwunder』와 개를 무서워하던 꼬맹이가 막상 개가 되자 꼬마 아이들을 무서워하는 내용을 담은『개가 무서워요 Leonard』, 팔딱거리는 청어들이 한 마리, 한 마리 줄어들다가 바다로 간 마지막 청어가 오랜 시간이 흐르자 다시 청어 열 마리가 된『청어 열 마리 Zehn Grüne Heringe』처럼 자신이 글과 그림을 모두 한 그림책들과,『오늘 아침 올렉은 곰을 잡았다네 Olek Schoot een Beer en Kwam met een Veer op Zijn Hoed Muts Thuis』처럼 바르트 무야르트의 글에 삽화를 그린 책들이 있는데, 그 모든 그림책들은 콜라주와 유난히 단순한 선과 넉넉한 여백이 특징이지요. 여백은 우리가 자신의 환상을 투사할 수 있는 공간이라고 생각하기에, 그는 그림책마다 여백을 아낌없이 우리에게 나누어 줌으로써 함께 상상하고, 함께 생각해 보기를 유도하는 게 아닐까요?

---

* 달걀 모양의 작은 컴퓨터로 디지털 애완동물을 기르는 장난감입니다.

볼프 아저씨는 1997년부터는 부퍼탈에 있는 베르기슈 대학교에 교수로 재직하면서 학생들을 가르치고 있는데, 기법을 가르치는 게 아니라 정말 원하는 게 뭔지 알아내야 한다고 말하고 있어요. 결국 그가 그린 그림책의 주제들은 독자들 뿐 아니라 자기 학생들에게 하는 말이 아니었을까요?

나는 학생들에게 너희들을 진짜로 가르칠 수는 없다고 말합니다. 단 한 가지 해 줄 수 있는 것은 줄기차게 이 말을 해 주는 것뿐이지요. "네 주위를 살펴봐!" 나는 그들에게 더욱 많은 정보를 받아들이라고 말해 줍니다. 일러스트레이션뿐 아니라 예술과 시와 음악으로부터도 말이지요. 그들은 많이 읽어야 하고 또한 밖에서, 자연에서 자신의 주위를 살펴보아야 합니다. 결국 그들은 기다릴 줄 알아야 합니다. 그러다 진짜로 하고 싶은 말이 무엇인지 알게 되는 시점이 오지요.[21]

작가의 진심어린 말을 아이들은 매우 잘 흡수합니다. 어린이들은 전혀 무지하지 않으며, 어린이들에게 우월감을 과시하고 싶은 어른들이나 그렇게 생각하는 것이라는 볼프 아저씨. 그는 어른들은 오히려 너무도 많은 제약 속에서 살고 있기 때문에 어린이들의 지적 깊이를 가늠할 능력이 없다고 말하며 끝없이 철학적 주제를 어린이들에 던집니다. 하지만 아저씨, 『괴테의 숫자가 마법에 걸렸어요 Das Hexeneinmaleins』 같은 책은 정말 뭐가 뭔지 몰라 그냥 덮어 버렸는걸요. 조금만 더 친절하게 그려 주세요. 네?

Béatrice Alemagna

무질서와 변화의 즐거움

베아트리체 알레마냐

1973년 이탈리아 볼로냐에서 태어났습니다. 대학에서 그래픽 디자인을 배우고 프랑스로 건너갔고, 지금은 프랑스 파리에서 그림책 작가로 활동하고 있습니다. 깊이 있고 철학적인 주제와 독특한 그림 스타일로 주목받는 작가입니다. 1996년에는 프랑스의 몽트뢰유에서 일러스트레이터들에게 주는 미래의 인물 상을, 2001년에는 프랑스 국립현대예술협회가 주목할 만한 아동문학가에게 주는 상을 받았습니다. 2007년에는 볼로냐 라가치 상을 수상했습니다. 작품으로 『난 원숭이다』『유리 소녀』『어린이』『너는 내 사랑이야』 등이 더 있습니다.

주근깨에 빨간색 갈래머리 뻗친 삐삐 롱스타킹을 좋아하던 아이가 있었습니다. 뒤죽박죽 별장에서 혼자 살며 때론 외로워하지만 용감무쌍하고 신 나게 놀아 대는 동화 속 삐삐와 달리, 현실의 아이는 이탈리아 볼로냐에서 부모님과 평온하게 살고 있었지요. 하지만 해적이 되고 싶어 하는 말괄량이 삐삐처럼 베아트리체 알레마냐도 뭔가 새로운 것, 이를테면 서커스에서 분홍색 드레스를 입고 조랑말을 타는 댄서 같은 게 되고 싶었어요.

그러다가 부모님과 볼로냐 아동 도서전에 가게 된 꼬마는 그곳을 채운 수많은 멋진 그림책들을 보면서 활자가 주는 상상력과는 결이 다른, 그림이 주는 새로운 상상력을 새삼 깨닫게 됩니다. 집에 와서 그림을 그리고 글을 몇 줄 써 보니 거기서 본 그림책이란 것과 비슷하게 생겼잖아요? 하지만 그런 것을 그리는 사람이 아티스트라는 생각까진 못했지요. 그저, 나중에 크면 '그림이 그려진 책(livre illustré)'을 만드는 사람이 되겠다는 꿈을 품었을 뿐. 그 어린 시절을 그녀는 이렇게 추억합니다.

난 아티스트가 되겠다고 결심한 적이 없었어요. 하지만 난 세상에 대한 나의 시각을 보여 줘야 한다는 느낌을 늘 가졌어요. 그게 내 마음을 편하게 해 주었으니까요. 글쓰기와 그림 그리기의 열정과 세상과 나의 결이 다르다는 느낌을 합쳐서 일하게 된 것 같아요. 그리고 그것이 바로 저의 진심에서 우러나온 일이라고 느꼈어요. 그림과 문장을 섞으면 책과 매우 비슷해 보일 거라는 것을 깨달았던 그 어린 8살 때부터 그런 기분이 들었어요. 그림이 그려진 책이란 즐길 만한 모험이었지요.[22]

이 아이가 앞으로 그림에 담게 될 것은, 모험의 본질 그대로, 자유와 두려움, 자아 찾기가 됩니다. 이탈리아 우르비노에서 산업디자인 전문학교를 다녔지만, 그래픽이나 편집을 주로 배울 뿐 드로잉 시간이 별로 없어 베아트리체는 마음이 상했지요. 그나마 여름 학기에 일러스트레이션이 선택 과목으로 개설되어 그녀는 스테판 자브렐과 크베타 파초브스카의 작업장에서 지도를 받을 수 있었어요.

제 나라를 좁디좁은 우물처럼 여기는 건 청춘의 특권. 이 젊은이도 이탈리아를 벗어나 프랑스로 떠나겠다는 마음을 먹게 됩니다. 사실 명확한 이유가 있긴 했어요. 프랑스에서 나온 티에리 드되의 *Le Mangeur de Mots* (글을 먹는 아이)라는 책을 보고 매우 놀랐거든요. 이 책은 언어에 대한 갈망이 심해 글을 남김없이 먹어 치우고 호기심이 무한대이다 보니 질문이 많고, 정리가 안 돼 두서없이 소통을 하려다가 결국 좌절하고 침묵의 언어를 택한 아이를 만화 스타일로 그린 거랍니다. 그녀는 좁은 우물인 이탈리아에선 이런 책을 출판하지 않을 거라고 여겼어요. 그래서 이 책을 낼 만큼 대단한 출판사와 일하고 싶다는 갈망을 돛 삼아, 파도가 출렁이는 변화무쌍한 바다로 나섰답니다.

프랑스로 건너간 그녀는 티에르 드되의 책이 나온 쇠 주네스 출판사에서 1999년, *Une maman trop pressée* (힘든 엄마)라는 첫 책을 내게 됩니다. 먹과 볼펜으로 그린 이 책은 가벼운 시작에 불과했습니다. 그녀는 2000년대 들어와 매우 활발하게 책을 냅니다. 그 중 낯선 나라로 처음 왔을 때의 경험이 녹아든 책이 『파리에 간 사자 *Un lion à Paris*』입니다.

표지에서 사자는 강물에 비친 제 모습을 하염없이 들여다보고 있군요. 외로웠던 것일까요? 책장을 열어 보면 파리 지도가 보입니다. 그런데 그 지도를 들고 있는 손은 사자 앞발이 아니라 사람 손이에요. 바로 작가 자신의 손인 거지요. 본문을 보면 구성이 뜻밖이에요. 엄청 큰 직사각형 판본인데 윗면과 아랫면이 정확히 나뉘어져서, 위는 글 두어 줄이, 아래는 온통 그림이 보이는 형식이지요.

넓은 초원이 지겨워진 사자는 일과 사랑과 미래를 찾아 낯선 곳으로 떠납니다. 사람들이 자기를 보면 비명을 지르거나 무서워 도망칠 거라고 생각하지만 막상 현실은 달랐지요. 개인적인 성향의 대도시 사람들은 초원의 왕 따위에 눈길을 돌리지 않았거든요. 길거리 카페에 앉아 커피를 마셔도 지하철역에 가서 으르렁거려 봐도 다들 본체만체 하니 사자는 자신의 존재감을 느낄 수 없어 기가 죽었어요.

그런데 웬 여인이 자기를 알아보고 미소 지어 줘서 사자는 매우 기뻤답니다. (그건 루브르 박물관에 걸린 모나리자였어요!) 성당 계단에서는 웬 할머니가 싱그레 웃으며 말을 걸어 줘서 사자는 으르렁, 하며 맞장구도 쳤어요. 거대한 철탑 위에 올라가 도시를 내려다보니 웬일인지 창문 하나하나가 사자를 반가워해 주는 듯 보여서 기분이 다소 나아진 사자는 큰 네거리의 받침돌 위로 올라가 기쁘게 으르렁거렸어요. 그러자 지나가는 자동차들이 경적을 빵빵 울리며 반겨 주었지요. 그래서 사자는 그 자리에 가만히, 행복하게 머물기로 했답니다.

파리 곳곳의 장소 이름은 하나도 나오지 않았지만, 맨 앞의 지도를 참조하면서 보면 사자의 동선을 파악할 수 있지요. 이 사자는 리옹 역부터 출발해서 생제르맹데프레, 샤틀레 지하철역, 예술의 다리, 퐁피두 센터, 루브르 박물관, 사크레쾨르 대성당, 에펠 탑을 거쳐 당페르로슈로 광장으로 간 거군요. 그 광장에서는 사자상이 됨으로써 이 사자는 낯선 대도시에 한 자리 마련해서 정착하게 되는 거지요. 작가는 마지막 페이지에서 이렇게 말합니다.

이 이야기는 파리, 당페르로슈로 광장에 있는 사자상에서 영감을 얻어 썼습니다. 사자상은 프랑스 건축가 바르톨디가 1876년부터 1880년까지 만들었습니다. 나는 문득 왜 파리 사람들이 사자상을 좋아할까 궁금했습니다. 그것은 어쩌면 사자가 자신이 있는 그곳을 행복해하는 것 같아서가 아닐까요?

파리에서 스스로 행복한 사자가 된 그녀는 연필과 구아슈와 콜라주로 잔잔하면서도 표정이 살아 있는 그림을 그렸지요. 카페에서 잔뜩 기가 죽어서 오가는 사람들의 눈치를 살

피는 사자의 모습과 무관심하게 자기 일만 보는 도시 사람들의 얼굴은 극명한 대조를 보입니다. 그 유명한 파리의 '바게트'가 사자 눈에는 칼로 보이는군요. 사람들이 칼처럼 긴 것을 팔에 끼고 다니면서도 자기를 공격하지 않으니 사자는 어리둥절할 뿐이지요.

　작가는 이 낯선 도시에 점차 적응하는 사자의 심리 상태를 나뭇잎의 변화와 사람들의 옷차림으로 슬며시 보여 줍니다. 초원 장면에서는 나뭇잎이 무성하지요. 그러나 파리의 길거리 카페 장면에서는 모두들 긴 소매를 입고 있고, 나뭇가지는 이제야 물이 오를락 말락, 나뭇잎은 아직 보이지 않습니다. 사자가 외롭게 파리를 헤집고 다니는 동안 나무들의 모습은 점차 바뀌고, 마침내 광장의 사자 상으로 터를 잡은 장면에서는 나뭇잎이 무성하지요. 사람들 옷차림 역시 두터운 겨울옷에서 민소매 원피스로 바뀌어갔고요. 나뭇잎이 돋아나 무성해진 만큼 파리에 대한 사자의 친밀감은 커져 갔고, 긴 옷에서 민소매 차림으로 바뀐 파리 사람들의 옷차림은 파리 사람들이 사자에 대한 마음을 점차 열어 가고 있다는 것으로 해석할 수 있지요.

　아까 이 책의 판형이 크다고 말씀드렸지요. 가로 28센티미터, 세로 28.5센티미터이니 일반 소설책 두 권 정도를 합쳐 놓은 크기죠. 원래 그렸던 사자는 훨씬 더 커서 완성본의 1.5배 크기였어요. 하지만 그대로 쓰자니 제본이 너무 힘들어서, 작가는 편집자에게 책장을 옆 말고 위로 넘기는 구조를 제안했다고 해요. 큰 판본은 그녀에게 자유를 느끼게 해 주지요.

　　큰 판에 작업하는 것이 전 정말 즐거워요. 더 자유로운 느낌이 들거든요. 나는 사람들이 책 속에 들어가 바라보며 장면마다 걸어 다니게 하고 싶어요.[23]

　그녀는 이 책을 자신의 책 중에서 가장 만족스럽게 여깁니다. 자기 자신이 보이기 때문이지요.

『파리에 간 사자』를 보면 내 자신이 보여요. 이 책은 내 이야기와 꼭 들어맞지요. 그것을 거의 못 느끼고 그림을 그렸다는 것을 깨닫고 난 깜짝 놀랐어요. 자신의 감정과 아이디어를 작업에 쏟아 붓는 순간에는 무슨 일이 일어나고 있는지 잘 모르지요. 믿지 못할 정도로 즐거운 무아경에 빠지게 되고, 곧이어 왠지 뿌듯해져요.[24]

작가 자신의 정체성 찾기가 그대로 투영되어 있기에 가능한 일이지만, 그런 모험에는 슬픔, 외로움, 고통 등이 진한 양념처럼 버무려지게 마련이죠. 『유리 소녀 Gisèle de verre』 지젤도 사자처럼 정체성을 찾기 위해 변화의 땅으로 떠납니다. 지젤은 사자와는 비교도 안 될 정도로 외롭고 슬픈 가시밭길을 걷게 됩니다.

주인공 지젤은 유리로 만들어진 소녀입니다. 투명하니까 맑고 고와 보이지요. 사람들이 몰려와 지젤을 구경하며 찬탄합니다. 그런데 유리 소녀의 생각이 마치 풍선처럼 머릿속에 매달려 있다는 게 문제였어요. 마치 책을 펼쳐 보듯, 남들이 유리 소녀의 생각을 훤히 들여다볼 수 있었거든요. 머릿속에서 온갖 생각이 들락날락하는 건 유리 소녀나 다른 사람이나 다를 바 없지요. 하지만 다른 사람들은 자기 생각을 남이 볼 수 없으니 아닌 척, 모른 척하며 숨길 수 있었지요. 그러면서 유리 소녀가 나쁜 생각을 하고 있을 때는 따가운 시선으로 쳐다보았어요. 그것을 감당하지 못한 유리 소녀는 집을 나와 이 나라 저 나라로 떠돌아다녔지만, 어디서나 상황은 마찬가지였어요. 그래서 유리 소녀는 오늘도 머물 곳을 찾아 세상을 하염없이 돌아다니고 있답니다.

투명한 유리 소녀라니! 대체 어떻게 표현해야 할까요? 베아트리체는 파라핀 종이를 겹쳐서 이 소녀를 표현했어요. 유리 소녀의 머릿속에 오만 가지 생각이 다 들락거립니다. 오만한 표정과 행복해 하며 수줍어 하는 표정이 파라핀 종이 두 장에 겹쳐 보이고, 한 장을 넘기면 오만한 표정은 지나가고, 푸른 빛을 띤 수줍어하는 표정과 화가 났는지 입을 꾹 다물고 눈동자와 머리카락까지 빨갛게 된 모습이 겹쳐 보여요. 작가가 겉 다르고 속 다른 인간의 모습을 표현한 마지막 장면을 보세요.

『유리 소녀』, 베틀북, 2004

> 진실이란 두려운 거라서 사람들은 차라리
> 진실을 보고 싶어 하지 않거든요.
> 참 안된 일이지만 말이에요.

그 장면에서 유리 소녀는 진실을 보려 하지 않는 사람들의 모습을 그야말로 '투명하게' 보여 주지요. 눈을 가린 소녀의 뒤에는 투명한 파라핀 종이 너머로 또 다른 소녀가 보입니다. 그 소녀의 코는 엄청나게 길지요. 거짓말을 할 때마다 코가 길어지는 피노키오의 모습 아니겠어요? 즉, 사람들은 눈을 가려 진실을 외면하고 그 진실을 못 보는 척, 거짓말을 한다는 것을 작가는 보여준 거지요.

진실을 바라보는 것조차 참아 내지 못하는 인간들의 모습은 바로 나 자신의 모습입니다. 남의 생각을 투명하게 볼 수 있다는 것은 즉, 내 생각이 남 눈에 훤히 보인다는 뜻이기 때문에 거부감이 들지요. 가끔 전철 안에서 맞은편에 앉은 사람들은 무슨 생각을 하고 있을까 하는 마음이 스쳐 지나가다가도, 맑고 고운 생각은 잠깐이고 구질구질하고 못된 생각들이 대부분인, 내게 들락거리는 온갖 생각들을 생각하면 등줄기가 스멀거려, 난 당신들의 생각을 보고 싶지 않으니 내 생각도 가려진 상태로 그냥 내버려 둬 줘, 하고 중얼거리게 되니까요.

머물 곳을 찾아 이 도시 저 도시, 이 나라, 저 나라로 여행하는 장면을 작가는 열린 여행 가방을 통해 재치 있게 보여 줍니다. 가방에는 구두, 부모님 사진 액자, 에펠탑 모형, 이탈리아 화폐, 프랑스의 상카 커피통 등이 들어 있지요. 쉬지 않고 돌아다니는 유리 소녀의 모습이 벌거벗은 아이라는 것에도 눈길이 갑니다. 다른 사람들은 전부 옷을 입고 있지만, 유리 소녀만큼은 '벌거벗은 진실' 그 자체이니까요. 옷을 입고 있는 사람들이 옷을 벗은 사람을 피해 눈을 돌리고 모르는 척 지나가는 모습은 우리의 자화상이 아닐까요?

'나는 누구일까?'는 매우 근원적인 질문이지요. 사자와 유리 소녀 지젤만이 정체성을 찾기 위해 제 터를 벗어나 변화를 꾀한 것은 아닙니다. 『난 원숭이다 *Jo singe garçon*』에서

『난 원숭이다』, 베틀북, 2010

갓난아이였을 때부터 자신을 원숭이라고 믿은 소년 조도 그렇지요. 조는 원숭이처럼 대롱대롱 전등에 매달리기도 하고, 빈 선반에서 미끄럼을 타고 날뛰고 날마다 바나나를 수십 개씩 먹어 치우기도 해요. 턱수염 선생님은 부모님에게, 별 일 아니라고, 어느 아이에게나 잠시 나타났다가 사라지는 행동이라며, 저절로 바뀔 거라고 말합니다. 조는 조금씩 변해 가는 듯 했지만 그것도 잠시, 근본적인 질문을 해결하기 위해 '출가'를 선택합니다. 어디로요? 동물원으로요. 원숭이들과 만난 조는 이제야 제자리를 찾은 것 같았어요. 암컷 원숭이에게 안겨 단잠을 자며 기분이 좋았지만, 차츰 자신과 원숭이의 다른 점이 보였지요. 여기도 자기가 있을 곳은 아닌 거예요. 문득 조는 깨달았어요. 다른 친구들 역시 저마다 다른 특징이 있다는 것을 말이죠.

> 조는 자기 발만 쳐다보며 말하는 옆집 조세핀을 떠올렸어요.
> 온몸에 진흙 바르길 좋아하는 모하메드,
> 걸핏하면 인형 눈알을 뽑아 버리는 사라,
> 그리고 자기가 초능력자라고 믿는 제롬도 떠올렸어요.

그저 몸집이 작아서 자신을 원숭이로 생각했을 뿐, 자기는 다른 친구들과 다르지 않았던 거예요. 그래서 조는 원숭이들과 작별하고 엄마와 아빠에게 되돌아간답니다. 우리 엄마는 재미있고, 아빠는 클라리넷을 불 줄 안다고 자랑하며 말이지요.

도저히 귀엽다고 할 수 없는 못생긴 얼굴, 뻣뻣한 가시처럼 솟구친 머리칼, 거미처럼 긴 조의 팔 다리는 베아트리체가 어렸을 때 무척 좋아했다는 빅토리아 체스의 *Marceline le Monstre* (괴물 마르셀린느)의 영향을 받은 것 같아요. 반항심이 들끓는 여섯 살짜리 마르셀린느는 착한 어린이 노릇을 거부하고 괴물이 되어 어린 동생을 잡아먹고 싶어 하지요. 작은 머리통, 날카롭고 작은 눈, 거미 손을 가진 괴물 마르셀린느의 모습이 베아트리체의 머릿속에 아로새겨졌다는데, 자신이 사람이라는 상황을 거부하고 원숭이가 되려는 조의 모습은 마르셀린느와 참 비슷해요. 그런데 정체성을 찾으려는 열망이란 잊혀질지도 모른다는 두려움에서 출발한 게 아닐까요? 마르셀린느가 동생으로 인해 두려움을 느꼈던 것처럼 말이지요. 작가는 자기가 도로 아이가 된다면 이런 것을 두려워할 것 같다고 합니다.

사용설명서를 채 읽지도 못한 채 우주선을 조종해야 하는 것, 여동생이 침대를 내놓으라고 내게 떼쓰는 것, 우리 집에 기다란 다리가 생겨나더니 대형 거미로 바뀌는 것, 사는 내내 머릿니의 존재를 받아들여야만 하는 것, 휴게소 화장실에서 내가 잊혀지고 가족이 돌아오기를 기다리지만 헛수고인 것, 그런 것이 두려울 것 같아요. 난 늘 두려워하며 지내지요.[25]

그 두려움에서 비롯된 정체성 탐구가 그녀의 책들에서 반복되지만 그녀의 편집자인 크리스티앙 드미는 이렇게 콕 집어냅니다. "넌 위대한 예술가들 같아. 늘 같은 주제를 다루고 있는데도 되풀이하진 않거든." 저는 그녀가 변주를 한다고 표현하고 싶군요. 그렇다고 다른 주제를 다루지 않는 것은 아니에요. 기본적으로 베아트리체는 변화와 무질서를 사랑하는 사람이기 때문이지요. 자신을 이끌어 주는 문장이 무엇이냐는 질문에 그녀는

'질서는 이성의 기쁨이요, 무질서는 상상력의 즐거움이다.'라는 블래이즈 파스칼의 말로 대답을 대신했는데, 틀에 맞춰 자로 잰 듯이 정확하게 사는 사람들은 예술가가 될 가능성은 좀 낮을 테고, 그런 면에서 무질서를 사랑하는 베아트리체는 예술가가 될 자질도, 여러 가지 주제를 탐험할 잠재력도 충분하지요. 그녀는 Oméga et l'ourse(오메가와 곰)에서 강렬한 주제를 잡았어요. 과연 어떤 주제일지 다음의 책 소개를 읽고 알아맞혀 보세요. (제게는 살짝 충격이었거든요.)

산비탈에 곰 발자국이 보입니다. 발톱으로 양을 할퀴어 난 핏자국도 보이고요. 곰이 나무 사이로 나타나 마을의 양떼를 바라보는군요. 그 곰을 오메가라는 소녀가 창가에서 지켜보지요. 소녀는 곰에게 부드럽게 손을 흔들어 줍니다. 학교 가서는 내내 곰 생각만 하고요. 갑자기 양치기 개들이 짖기 시작해요. 모두들 벌벌 떨고 양은 죽은 채 발견되는데, 소녀만 반가워하며 창밖으로 뛰어나가지요. 어느 날 저녁, 배고픈 곰이 나타납니다. 소녀는 반가워서 뛰어나가 곰의 품 안에 안깁니다. 둘은 숲을 헤집고 다니며 놀아요. 숲의 정령들도 느끼고 숲의 영혼을 느끼지요. 그러다가 둘은 산비탈에 이릅니다. 곰은 말합니다. "넌 더 이상 갈 수 없어." 그러자 소녀는 곰에게 폭 안깁니다. 이제 곰은 무엇이라고 고백할까요? 소녀의 답은 또 무엇일까요?

오일과 파스텔, 아크릴로 그리고 콜라주로 구성한 장면들은 독특하고 섬세합니다. 곰에게 폭 안겨 숲으로 들어가는 장면에서 나무들은 저마다의 색깔로 포근한 터널을 만들어 줍니다. 이 터널은 양치기 개와 양들과 학교와 집이 있는 마을과 신비로운 숲을 연결해 주는 신비로운 통로 역할을 하지요. 곰이 토막잠이 들었을 때 숲의 정령들이 나오는 장면에서 베아트리체는 뜻밖의 그림을 선사합니다. 대개 정령들은 하늘하늘한 몸매에 길게 물결치는 머리칼, 고운 얼굴에 신비감을 안개처럼 아스라이 두른 여자들로 묘사되지요? 그런데 그녀는 여느 아이들의 평범한 얼굴을 콜라주해 놓았군요. 게다가 평화롭고 질서 있게 늘어선 모습도 아니고, 이리 툭, 저리 툭 그야말로 갑자기 툭 튀어나온 아이 정령들은 곰을 가까이서 신기하게 바라보기도 하고, 멀리서 우울한 눈길을 던지기도 합니

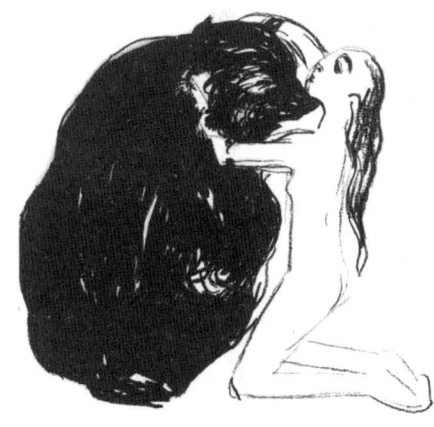

뭉크, 「오메가와 곰 *Bjørnen*」

다. 둥근 잎보다 날카롭게 뻗어 나간 나뭇가지들이 훨씬 많이 둘러싼 모습은 뭔가 불안한 느낌을 드리우고, 어떤 나무의 가지들은 심지어 공격에 나선 야생동물의 발톱처럼 날카로운 긴장감을 보여 주는군요.

곰과 소녀가 산비탈에 서서 아침 해가 떠오르는 장면을 바라볼 때 (환상 여행은 대개 밤에 시작되어 아침에 끝나는 공식을 따르고 있습니다.) 이들은 겉보기엔 고요하지만 마음은 무겁습니다. 그것은 깃털처럼 가벼운 구름이 아니라 묵직한 돌덩이처럼 생긴 구름을 통해 암시됩니다. 이들의 분위기가 이런 것은 바로 이어지는 곰의 고백으로 이해되지요. 마지막으로 곰이 한 말은 바로, "난 널 잡아먹게 될지도 몰라."였거든요. 소녀는 부드럽게 고개를 끄덕였고요. 같이 놀다가 하나는 다른 하나를 잡아먹어야 하고, 그 다른 하나는 제 몸을 공양해야 하다니! 매우 뜻밖의 결말이지요? 물론 다음 장면에서 침대에 누워 자는 소녀의 모습을 보면 그것이 환상 여행이라는 게 암시되지요. 또 마지막 페이지에 나온 작은 탁자에는 앞 장면과 달리 곰 인형이 있고, 컵에 꽂힌 꽃들도 나무로 바뀌었으니 여느 그림책과 마찬가지로 이 소품들이 환상과 현실을 이어 주는 역할을 하지만, 주제 자체로 참 놀라운 책이지요. 기욤 게로의 글을 베아트리체가 그린 것으로만 알았는데, 뜻밖에 베아트리체가 써 달라고 부탁했다는군요.

*Oméga et l'ourse*의 글은 기욤 게로가 쓴 거예요. 이 협동 작업은 어느 아이디어에서 태어났으나 나는 그것을 구체화시키지 못했어요. 나는 「오메가와 곰」이라는 제목의 뭉크의 목탄 드로잉을 보고 곰에게 팔을 활짝 벌리는 소녀의 그림에 푹 빠져 아이가 사랑으로 기꺼이 잡아먹히는 이야기를 떠올리게 되었어요. 기욤에게 글을 부탁했는데, 기욤이 써 온 글은 매우 강렬하면서도 부드러운 느낌이었어요. 그래서 어린이를 위한 텍스트와, (다른 인간을 사랑할 수밖에 없는) 어른을 위한 '서브텍스트'를 매혹적으로 타협시킨 결과 이것이 나왔지요. 파나마 출판사가 큰 판본 형태를 권해서, 작업이 한결 자유로웠어요.[26]

삶과 늘 함께 하는 죽음이란 주제는 볼프 에를부르흐의 『내가 함께 있을게』를 보았을 때 이미 그녀의 머릿속에 아로새겨졌지요. 해골 모양의 '죽음'이 검붉은 튤립 한 송이를 들고 뒤따라 다녀 오리는 쭈뼛해지지만, 나중에 죽음을 삶의 한 부분으로 받아들이는 이 책에 대해 베아트리체는 다음과 같이 얘기했어요.

볼프 에를브루흐의 『내가 함께 있을게』는 정말 굉장한 책이라고 생각해요. 내가 왜 진작 그 생각을 못했을까 싶을 때도 있어요. 그러나 우연히 그런 생각을 했었다 해도, 그토록 독특하고 특이하게 만들지 못했을 거예요.[27]

볼프 에를부르흐 책에서 삶과 죽음이 이어진다는 주제가 단선적으로 보인다면 베아트리체의 책에서는 동물과 인간을 연결시킨 생명의 나눔, 그 나눔으로 인한 자연계의 순환을 보여 줍니다. 마치 인디언이 이 시신을 나무에 걸어 놓으면 새들이 쪼아 먹고, 그 새들을 다시 자신들이 잡아먹게 되는 조장 풍습과 비슷하다고나 할까요? 또한 볼프 에를부르흐의 그림은 깔끔하지만 그녀의 그림은 자유분방합니다. 아크릴에 오일 페인팅에, 파스텔, 구아슈, 연필, 동판 등 온갖 기법을 다 쓰는 데다, 거의 모든 책에 콜라주가 들어가지요. 그것도 사진에 털실까지 붙이면서요. 정돈되기는커녕 심한 불균형에, 심지어 왜곡되

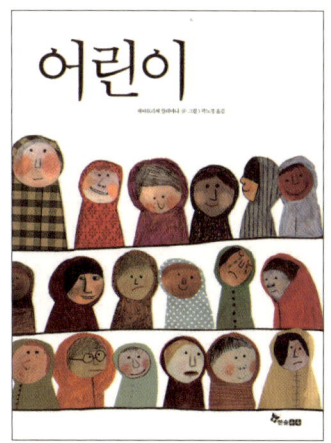

『어린이』, 한솔수북, 2008

어 보이기까지 하는 그림을 '만드는' 데는 나름 이유가 있답니다.

너무 완벽하고 너무 잘 그려진 그림에는 마치 완전한 완벽함 속에 죽음 같은 게 들어 있는 듯한, 그런 느낌이 있어요. 우리는 불완전하고 불균형적인 데서 삶을 느끼지요. 때론, 디자인은 스케치 단계에서 생기가 넘치다가도 그림으로 옮겨지는 순간 죽곤 해요. 왜냐하면, 완벽해졌기 때문이지요. 오히려 거칠수록 생기를 더욱 유지할 수 있어요.**28**

그런 생각에서 작가가 실험해 본 것이 *Portraits*(초상)이라는 책입니다. 주위 여러 사람과 자신의 초상화를 그려 책으로 엮었는데 마지막으로 자신의 초상을 그릴 때는 눈을 거의 감고 왼손으로 그렸다고 해요. 정형화 되고 싶지 않았던 까닭에 그렇게 그려 놓고 다시 고치지도 않았다니, 그 그림을 새삼 다시 들여다보게 되는군요.

*Portraits*에서는 주위 사람들을 그렸지만, 『어린이 *Che cos'è un bambino?*』(원제 뜻은 '어린이란 무엇인가?')에서는 아크릴 물감과 구아슈, 콜라주, 연필 등으로 액자 속 여인을 따라 턱을 괴어 보는 어린이, 아침부터 솜사탕을 먹는 어린이, 비누가 눈에 들어갔다고 우는 어린이의 초상을 익살맞게 그려 냈어요. 꼬마들은 도대체 자긴 언제 어른이 될까 하

베아트리체 알레마냐 137

며 한숨을 쉬지요. 빨리빨리 커서 어른이 되면 뭐든지 마음대로 할 수 있을 것만 같으니까요. 이 책의 아이들 열일곱 명은 익살맞거나, 주눅 들어 있거나, 수줍거나, 어벙하거나, 콧구멍이 벌름벌름하거나, 두 눈을 내리깔고 있고, 생김새도, 마음씨도, 하고 싶은 것도 다 다르지요. 작가는 작고 귀여운 어린이들에 대해 이렇게 말합니다.

언젠가는 학교를 떠나 일터로 가겠지요.
그래도 행복할 거예요.
구레나룻이나 콧수염도 기르고, 머리도 초록으로 물들이겠지요.
전화기가 꺼져 있거나 오랫동안 전화를 안 받으면 짜증도 내겠지요.

그러니 지금은 그저 어린이일 때 따스한 눈길로 바라봐 주면 되는 거라고 작가는 말하네요. 어쩌면 이 책은 단순히 어린이에 대한 초상이 아니라, 그녀 자신이 어렸을 때 늘 두려움을 느꼈기에 보호받고 싶은 본능이 작용한 책이 아닌가 싶어요.

『너는 내 사랑이야 Mon Amour』에서 그녀는 돼지도 아니고 고양이도 아니고 원숭이도 아닌 이상야릇한 동물을 단추와 헝겊과 비뚤비뚤한 바늘땀으로 표현합니다. 이 동물을 만난 사람들이나 동물들은 자기가 보고 싶은 대로 판단하지요. 조련사 아저씨는 사자로 생각하고, 새는 비둘기로 여기며, 어느 아줌마는 고양이로 생각해요. 그야말로 자기가 본 세상밖에 모르니까 말이에요. 하지만 이 동물을 온 마음을 담아 바라보는 이가 있어요. 그리고 '넌 내 사랑이야.'라고 말해 줍니다. 우리가 사는 내내 갖게 되는 나에 대한 의문, 내게 있는 수많은 결들, 남이 보는 나의 수많은 모습들, 그리고 결국 사랑이 본질이라는 점을 베아트리체는 포근한 그림과 간결한 글로 나타냈지요.

"내 속엔 내가 너무도 많아 저마다 다르게 표현된다는 것을 알고 있다."[29]는 베아트리체 알레마냐. 그 수많은 자신을 그림책에 담아낸 그녀는 만화책도 만들고 싶고 옷감 패턴도 그려 보고 싶고 목제 장난감이나 팝업북도 만들고 싶고, 자신이 가장 좋아하는 노래들을 그림으로 그려 책으로 내고 싶어 하지요. 관심의 촉이 마치 햇살처럼 퍼져 나가는 그녀는 행복의 정의를 묻는 질문에, '바로 그 자리에서 행복해요. 남들을 불행하게 만들지 말고 내가 존재하는 바로 그곳에서. 그리고 또한 남과 더불어 나누세요.'[30]라고 핵심을 찌르는 답을 합니다. 모험의 결과물을 세상과 나누는 베아트리체 알레마냐라는 작가를 여러분에게 소개드릴 수 있어, 저는 지금 이 자리에서 행복합니다.

Charles Keeping

우리를 둘러싼 세상

찰스 키핑

1924년 영국 런던에서 태어나 1988년 세상을 떠났습니다. 런던의 미술학교에서 석판화와 일러스트레이션을 공부했습니다. 졸업 후, 신문 만화 일을 시작으로 일러스트레이터 생활을 시작했습니다. 1966년 그림책 *Black Dolly*를 시작으로 평생 20권 이상의 그림책을 쓰고 그렸습니다. 1967년 『찰리, 샬럿, 금빛 카나리아』, 1981년 『노상강도』로 케이트 그린어웨이 상을 두 차례 받았습니다. 이외 작품으로 『조지프의 마당』『길거리 가수 새미』『빈터의 서커스』『창 너머』 등이 있습니다. 1970년 카네기 상을 받았습니다.

불편한 진실. 찰스 키핑의 그림책을 한 마디로 정의하라면 이 표현이 알맞을 것 같네요. 그는 화려한 색채를 선사하지만, 분위기는 상당히 우울합니다. 아이들은 못생겨도 예쁜 구석이 많은 법인데, 그의 그림책에 나오는 아이들은 한참 멀리 있네요. 찌푸린 아이, 덜떨어져 보이는 아이, 우울한 아이, 기괴한 아이들은 창밖을 내다보다 공포에 질리거나, 분을 못 이겨 파들파들 떨거나 길가에 멍하니 앉아 꿈을 꾸지요. 그 아이들은 가끔 기쁨을 드러낸다 해도 기이한 표정입니다.

아이들은 순결하고 밝은 세상만을 바라보아야 한다는 편견에 사로잡혀서일까요? 키핑은 많은 논란을 자아낸 그림책 작가이기도 했습니다. 프랭크 에어는 *British children's Books in The Twentieth century*(20세기 영국 어린이책)에서 키핑의 '기묘하게 최면적인 스타일은 극히 선호되거나 극히 혐오되었다.'[31]라고 평했지요. 어린 시절의 성장 과정을 반영한다는 의견도 있지만, 정작 그의 아내는 남편이 행복한 아이였다고 반박합니다. 그러나 마음속 사정이야 아무도 모를 일. 비교적 순탄하고 편안한 시절을 보낸 제 지인도 어릴 때 옆집에서 닭 잡는 것을 보고 충격을 받아, 그 뒤 절대 닭고기는 입에도 안 댄다고 하니, 그가 만약 그때를 그린다면 찰스 키핑 못지않게 엄청난 공포심에 휩싸인 아이를 그려 낼지도 모르지요.

찰스 키핑이 그림책에서 추구한 것은 있는 그대로, 보이는 그대로의 세계가 아니었을까요? 그는 자신의 그림책이 어린 독자들 보기에 너무 어렵다는 지적에 이렇게 답변했습니다.

당신이 슈가 퍼프(달착지근한 시리얼 이름)의 세계에 산다 해도 언제라도 텔레비전을 켜

보면 알 수 있을 겁니다. 베트남 전쟁이 진행 중이며, 그것을 깨끗이 잊을 수는 없습니다. 아이들도 그것이 일어나고 있다는 것을 압니다. 따라서 폭력과 이 모든 것들은 아이들 삶의 일부지요.[32]

찰스 키핑이 그린 아이들 삶의 일부는 자신의 경험에서 비롯됩니다. 그는 1924년에 영국 런던 남부의 람베스에서 태어났어요. 3대가 함께 살던 복작거리는 부두와 시장통 근처의 집에 대해 월간 『일러스트』에 실린 글을 인용해 보지요.

어린 시절의 그는 무척 작았는데 그런 아들에게 아버지는 '거리'의 위험에 대해 주의를 주곤 했다. 당시 런던은 빅토리아 시대의 영광을 뒤로 하고 자본과 인간이 범람하며 모든 것이 바뀌고 있을 시점이었다. 거리는 마차와 행상이 물건을 나르고 장사를 하느라 무척이나 혼잡했다. 아버지는 이런 환경에서 하나뿐인 아들이 돌아다니다 다치면 어쩌나 하는 노파심이 들었던 것이다. 그래서 키핑은 주로 집 뒤에 있는 작은 마당이나 방에서 시간을 보냈다. 마당에는 그늘져 어두운 정원이 있었고 울타리가 있어 바깥을 볼 수 없는 평범한 장소였다. 그에 비해 방은 창가를 통해 이웃에 있는 마구간이나 시장의 풍경을 볼 수 있었다. 가끔 하나밖에 없는 누이 그레이스가 함께 놀아 주었지만 그리 위안이 되지 못했다. 성장해서도 고향집에 대한 생각이 머리에서 떠나지 않았다. 그의 아내 르네 마이어의 말에 따르면 켄트에 위치한 큰 정원이 있는 집으로 이사를 갔을 때도 키핑은 과거의 정원을 재현하려 했다고 한다.[33]

그늘져 어두운 정원에 갇힌 채 창 너머로 거리 풍경을 바라보던 어린 찰스에게는 그래도 즐거움이 있었어요. 복서이자 신문 보급소를 하던 아버지가 신문 가판대용 플래카드 남은 것을 갖다 주곤 했거든요. 찰스는 누나와 거기에 온갖 그림도 그리고 이야기도 짓곤 했지요. 그러나 아버지와 할아버지가 갑자기 돌아가시고, 집안 사정이 어려워진 데다, 학교 성적도 신통치 못했던 그는 14살 때 학교를 그만두고, 인쇄소 견습공으로 들어가게 됩니다. 그러나 때는 바야흐로 세계 전쟁의 시기. 18살 때인 1942년에 그도 징집되어 1946년까지 해군의 무선통신병으로 복무하지만, 심각한 우울증을 안고 제대하지요. 그 증세로 인해 정신적으로나 육체적으로나 피폐해진 그는 정신병원에 입원해서 치료를 받고 나아지긴 했지만, 당시의 경험은 후에 그의 삽화 중 *Frankenstein*(프랑켄슈타인)과 『베오울프 *Beowulf*』의 괴물로 태어났다고 해요.

어렵게 살면서도 그는 리젠트 스트리트 폴리테크닉(대학 수준의 종합 기술전문학교)에 지원했지만 계속 낙방해서, 낮에는 가스 검침원으로 일하고 저녁에는 사생 수업을 받았지요. 그러면서 한편으로는 실사 모델로도 일하다가 후에 아내가 된 여학생을 만나게 되지요. 마침내 리젠트 스트리트 폴리테크닉에 입학한 그는 저명한 일러스트레이터인 나이젤 램본과 스튜어트 크레실리란에게 교육을 받고 일러스트레이션과 석판화를 전공합니다. 그러나 공부하는 한편 패딩턴에서 월세 수금인으로 일하면서 그는 힘겹게 살아가는 사람들을 보게 되지요. 그때의 충격을 그는 이렇게 표현합니다. "내가 어린 시절 보았던 것보다 더한, 진짜 가난의 모습을 보았다."[34]

졸업한 뒤 그는 여러 해 동안 일간지 「데일리 헤럴드」에 만화를 연재하게 됩니다. 그 일을 통해 그는 디자인 방법, 자신의 만화가 그들 눈에 띄게 하는 방법 등을 익혔지만, 스스로를 만화가로 생각하지 않았던 그는 마음에 들지 않는 일을 하는 것이야말로 영혼을 파괴시키는 일이라고 깨닫고 다른 길을 모색하지요. 에이전트에게 삽화 쪽으로 길을 열어 달라고 부탁한 그는 마침내 1957년에 로즈메리 서트클리프의 아동 역사 소설인 *The Silver Branch*(은빛 가지)에 삽화를 그리게 됩니다. 그 후 그는 서트클리프뿐 아니라 헨리 트리스, 찰스 킹슬리, 죠프리 트리즈 등의 책에 힘이 넘치는 삽화를 그렸지요. 특히 그가 삽화를 그리고 에드워드 블리쉔이 그린 그리스 신화를 재해석한 *The God Beneath the Sea*(바다 속의 신)은 1970년 카네기 메달을 받았어요.

그의 첫 그림책은 1966년에 나온 *Black Dolly*(검은 돌리)와 *Sean and the Carthorse*(선과 짐말)이었어요. 두 권 다 학대받는 짐말들을 묘사한 것이라 해요. 이어서 1967년에 그는 『찰리, 샬럿, 금빛 카나리아 Charley, Charlotte and the Golden Canary』를 출간했어요. 같은 동네에서 자라다가 한 가족이 다른 새 동네로 이사 가는 바람에 헤어지는 두 어린이가 집에서 키우는 카나리아 덕분에 다시 만나는 이야기를 담고 있는 이 책에서 키핑은 어렸을 때 살던 런던의 모습이 점차 사라지는 과정을 묘사했어요. 화려하면서도 짙은 색채, 스펀지로 질감을 표현하고 왁스를 이용한 기법은 놀라웠고, 이 책으로 찰스 키핑은 같은 해에 케이트 그린어웨이 상을 받지요. 그는 20여 권이 넘는 그림책을 냈는데, (다른 책에 삽화를 그린 것까지 하면 200여 권이 넘었대요.) 그의 책 중 자신이 가장 좋아하는 책으로 꼽았다는 『조지프의 마당 Joseph's Yard』을 보기로 하지요.

앞표지에서 생명이 없는 나무판자 벽 앞, 음울한 표정으로 고개 숙인 아이와 뒤표지에서 환하게 피어날 꽃봉오리는 책의 내용을 알짜배기로 함축하고 있습니다. 그러나 아이 표정으로 보아 중간 과정이 순탄할 것 같진 않군요.

마당에는 벽돌 담, 나무 울타리(번역본대로 이렇게 써 놓으니까 나무로 울타리를 친 것 같지만, 그림에 따르면 나무 울타리입니다.), 돌바닥, 녹슨 고철뿐입니다. 생명이 있는 것은 아무것도 없지요. 어느 날, 아이는 고물장수에게 녹슨 고물 바퀴를 주고 작은 나무 화분을 얻지요. 아이는 조심조심 그 화분을 들고 와, 힘껏 바닥 돌을 들어내고, 애써 땅을 파서 정성껏 어린 나무를 심습니다. 처음으로 애정을 준 것일까요? 그러나 지나치면 모자람만 못하나니, 나무가 자라 작은 꽃이 피자, 아이는 그 꽃이 너무 예뻐 아끼는 마음에 꽃을 꺾고, 꽃은 이내 시들지요. 마당에는 또 다시 아이 혼자뿐. 겨울이 지나 봄비가 내리고 햇볕이 내리쬐자 나무가 되살아납니다.

이번엔 꽃이 피어도 꺾지 않았지만, 나무가 있으니 먹이사슬을 따라 벌레와 새와 고양이들이 모여들지요. 아이는 격하게 화를 내며 그들을 쫓아내고, 외투로 나무를 덮어 주지요. 햇볕과 비를 가리자 꽃은 또 다시 죽고 말았지요. 다시 또 겨울. 나무는 앙상해지고, 아이는 또 다시 혼자입니다. 그러나 계절을 겪으며 나무는 무럭무럭 자라고, 아이가 나무

『조지프의 마당』, 사계절, 2005

를 그냥 놔두자 이제는 꽃도 피고, 벌레도 찾아들고, 나비와 새들과 고양이까지 찾아옵니다. 생명이 가득한 마당에서 아이는 행복해지지요. 집착을 버리니 사랑의 대상은 마음껏 숨 쉬고 잘 자라게 되었네요. 나무 울타리로 둘러쳐진 생명 없던 마당에는 이제 생명을 가진 나무가 자랍니다.

그늘지고 어둑어둑한 마당은 작은 나무 한 그루가 꽃을 피움으로써 뜰이 되지만, 마당에서 뜰로 바뀌기까지 아이가 겪는 사랑과 집착과 쓸쓸함과 기쁨은 매우 크지요. 찰스 키핑은 직선, 사선, 곡선을 마음껏 쓴 화려한 색채의 동판화로 그런 감정을 분출해 냈어요. 봄비가 내리는 장면의 직선은 시원해 보이고, 바람 장면의 교차된 사선들은 맹렬한 느낌을 줍니다. 꺾인 꽃이 시들어 버리고 아이 혼자 마당에 남은 장면에서 가로로 쭉쭉 아이를 관통하는 직선은 뼈저리게 외롭고 쓸쓸한 아이 마음을 대변해 줍니다. 그 선들은 옆 장면에서 한층 많아지며 바람을 묘사하는 사선 및 눈을 묘사하는 점들로 똑똑 이어진 직선과 섞여 듭니다.

햇볕과 비를 동시에 표현한 장면에서 붉고 노란 태양 위로 쭉쭉 내리 꽂히는 직선 빗줄기는 팽팽한 기타 줄 같군요. 꽃 피는 장면을 보는 아이의 모습에서는 둥근 곡선이 계속 이어지며 생명의 신비로움과 그것이 주는 기쁨을 잘 드러냅니다. 게다가 이 장면에서 작가는 석판화로 찍은 그림 위에 수채화로 물감을 번지게 해서 가녀린 꽃잎을 효과적으로 나타내고 있지요. 또 뒤표지에서 꽃봉오리의 배경은 대기의 기운을 한껏 흡수하는 동시에 생명의 순환을 보여 주는 듯이 곡선으로 처리되어 있지요. 이 그림책을 만든 때가 크로이든 대학에서 석판화 강사로 일하던 시절이니, 찰스 키핑이 자신의 온갖 재능을 이 책에 쏟아 부었다 해도 과언이 아닐 거예요.

자기도 이 책을 좋아하는 책으로 꼽았지만, 눈이란 다 비슷한지 찰스 키핑의 책 중에서 가장 뛰어나다는 평가를 받는 것이 이 『조지프의 마당』과 『창 너머 *Through The Window*』예요. 두 작품은 BBC 방송의 프로그램인 「스토리라인」에서 단편 영화로 만들어지기도 했지요.

『조지프의 마당』출간 다음 해인 1970년에 세상에 나온『창 너머』의 표지에서 찰스 키핑은 공포에 휘둥그레진 눈으로 커튼 틈으로 밖을 내다보는 아이의 모습을 보여 줍니다. 그런데 무엇을 보고 있기에 저토록 섬뜩해하는 눈빛일까요? 괴기스럽다는 표현이 어울릴 정도입니다.

제이콥은 거실 창가에 혼자 앉아 있다가 문득 커튼 틈으로 밖을 내다보지요. 실내 공간에 갇혀 있는 제이콥에게 창 너머 길거리는 세상의 전부입니다. 사람들이 결혼식을 하고 장례식을 하는 교회가 보입니다. 지붕 너머로는 아직도 말이 끄는 짐마차가 있는 양조장이 보이고, 과자 가게도 보이고, 교회 앞에 터 잡고 사는 할머니인 '쭈그렁탱이'와, 그녀의 비쩍 마른 개도 있군요. 거리 청소부도 보이고, 술통을 실은 짐마차도 보입니다. 그런데, 문득 비둘기들이 하늘로 날아오릅니다. 그리고 양조장에서 뛰쳐나와 무섭게 질주하는 말들! 말을 잡으려고 쫓아가는 양조장 사람들과 마부, 제이콥은 순간, 자신은 이층에 있으니 안전하다고 얼른 위안합니다. 마부가 말들을 진정시켜 다시 데려가는데, '쭈그렁탱이'가 개를 꼭 껴안고 가는군요. 사람들이 왜 쭈그렁탱이에게 다가가 몸을 굽히고 있을까요? 왜 그럴까? 불안하고 섬뜩한 마음이 들었겠지만, 제이콥은 그 개가 아마 자기 개와 싸워서 그런가 보다고, 분명 그런가 보다고 자신을 안심시키려 들지요. 그리곤 유리창에 입김을 후욱 내뿜고 개를 안고 있는 쭈그렁탱이의 그림을 그립니다.

이 책에서 커튼은 아이의 심리 상태를 표현하는 소도구 역할을 하지요. 처음에 아이는 아주 살짝 커튼을 열고 밖을 내다봅니다. 정적인 풍경들, 즉 교회, 양조장, 과자 가게, 개 등을 볼 때는 전체 화면의 5분의 2에서 2분의 1정도까지를 커튼이 차지하며, 그것도 수직 또는 살짝 사선으로 내려져 있지만, 자신이 좋아하는 말이 나오는 부분에선 활짝 젖혀 있어요. 또, 마부가 말을 잡으러 뛰어가는 장면, 즉 긴박한 상황에 감정이입이 되었을 때와 말을 붙잡는 장면, 즉 안도감을 느끼는 장면에서는 둥글게 젖혀 있지요.

이뿐 아니라 작가는 시점을 달리해 서술하는 방법으로 정적인 장면에서 긴박한 장면으로 손바닥 뒤집듯 바꾸어 버립니다. 정적인 장면에서는 3인칭 관찰자 시점으로 담담하게

정적인 장면	긴박한 장면
제이콥은 창밖을 내다보고 있었습니다. (3쪽)	무슨 소리지? 비둘기들이 왜 하늘로 날아오르는 거지? (17쪽)
사람들은 저 곳에서 결혼식을 했습니다. 그리고 장례식을 했습니다. (4쪽)	말이다! 무섭게 질주해 오잖아! (18쪽)
조지가 알프네 과자 가게로 들어갔습니다. 제이콥은 조지가 부러웠습니다. (16쪽)	양조장에서 뛰쳐나온 거야! (19쪽)

묘사하지만, 긴박한 장면에서는 1인칭 화자 시점을 이용하지요.

이렇게 바뀌는 문장을 읽는 독자는 술렁이는 공기를 온몸으로 느끼며 하늘로 날아오르는 비둘기들의 분위기에 확 쓸려들어 그 긴박감에 동참하게 됩니다.

찰스 키핑은 이 책에서 석판화 기법을 이용해서 대단히 매혹적인 그림을 보여 주고 있어요. 정적인 장면은 한 톤 낮은 색으로 일상의 고요함을 묘사하지만, 동적인 장면, 즉 무섭게 질주하는 말들을 보여 주는 장면은 굉장한 속도감을 나타내며 독자를 몰아붙이는군요. 마치 카메라의 셔터 스피드를 느리게 해서 속도의 흐름을 잡아낸 것처럼 동판화의 날카로운 선은 맹렬하게 달려와 휙 지나가는 말들을 빛살처럼 묘사하고 있어요.

이렇게 뛰어나게 말을 묘사한 찰스 키핑은 어릴 때부터 말을 유난히 좋아했다고 해요. 어릴 때 살던 집 옆에 짐마차용 말들의 마구간이 있어, 그는 울타리 틈으로 그 거대한 짐승들을 늘 살펴보곤 했다는데, 그때 어린 찰스의 눈에 보인, 울타리 속에 갇힌 말들은 바로 이 그림책에서 울타리를 넘어 질주하는 말들로 거듭 태어났어요. 도시의 울타리에 갇혀 지내는 아이가 말들에게 자신의 희망을 투사해 자유와 생기를 누리며 질주하게 한 것이라고 볼 수도 있지 않을까?

그의 스타일에서 주목할 것은 잉크를 번지게 하는 효과인데, 교회 장면을 보면 마치 오래된 건물에서 녹나 벗겨진 페인트가 줄줄 흘러내리는 듯한 느낌이 듭니다. 아이가 유리

창에 그린, 개를 안고 있는 할머니 그림도 줄줄 흘러내리고 있는데, 책에는 모호하게 나와 있지만, 어쩌면 죽음을 인식했을지도 모를 아이의 충격과 개를 잃은 할머니 마음에 대한 공감을 눈물처럼 보여 주는 효과가 아닐까 싶네요.

그림의 색채가 참 대단합니다. 한 톤 낮은 푸른색이나 빛바랜 금색, 갈색, 저녁놀을 연상시키는 붉은색은 다른 책에서 찾아보기 힘들 정도로 뛰어난 색감을 보여 주지요. 화가들의 작품을 책으로 인쇄하던 윌리엄 클로위즈 앤 선즈라는 유명한 인쇄소에서 일하며 석판 기술을 익혔다고 하는데, 그때부터 비롯된 것일까요? 찰스 키핑은 유달리 석판 인쇄를 이용한 색 분리가 뛰어나다는 평을 받고 있어요. 책을 낼 때는 옥스퍼드 대학 출판부에 부탁하여 비엔나의 유명한 인쇄업자에게 인쇄를 맡기게 했답니다.

하지만 아쉽게도 표지 그림이 공포영화 분위기라 선뜻 손이 가지는 않는군요. 물론 찰스 키핑의 말마따나 아이들이 늘 보는 세계는 폭력과 공포가 존재하는 세계이고, 말에 의해 개가 죽을 때 아이가 느낀 경악과 공포가 섬뜩할 정도로 표지에 강력하게 드러나 있지만, 표지 때문에 혹시라도 독자들이 눈길을 돌려, 본문의 엄청나게 매력적인 그림들을 볼 기회를 놓칠까봐 안타깝군요.

집 안에서 창밖을 보던 아이가 『윌리의 소방차 *Willie's Fire-Engine*』에서는 밖으로 나옵니다. 거무스레하고 어두운 연립주택 길가에 앉아 그 너머 황금 성을 바라보지요. 윌리는 우유배달부인 마이크를 찾아 나섰다가 어느 소녀를 따라 우유 공장 안으로 들어가, 거인도 만나고 공장 안에 있는 빨간 소방차도 만나고, 소방수가 되어 위풍당당한 말에 올라탄 마이크도 만납니다. 그리고 어린이 구조대원이 되어 사다리를 타고 올라가 공주님을 구출하지요.

커다란 굴 같은 공장 안 장면은 마치 스테인드글라스를 통해 들어 온 햇빛이 푸른색, 노란색, 붉은 색 등 신비로운 색채를 흩뿌리는 대성당을 보는 듯합니다. 그 공장 안에서 만난 소방마차니, 말이니, 공주 등은 사실 4쪽의 윌리의 침대 맡에 걸린 사진들 속에 이

『빈터의 서커스』, 사계절, 2005

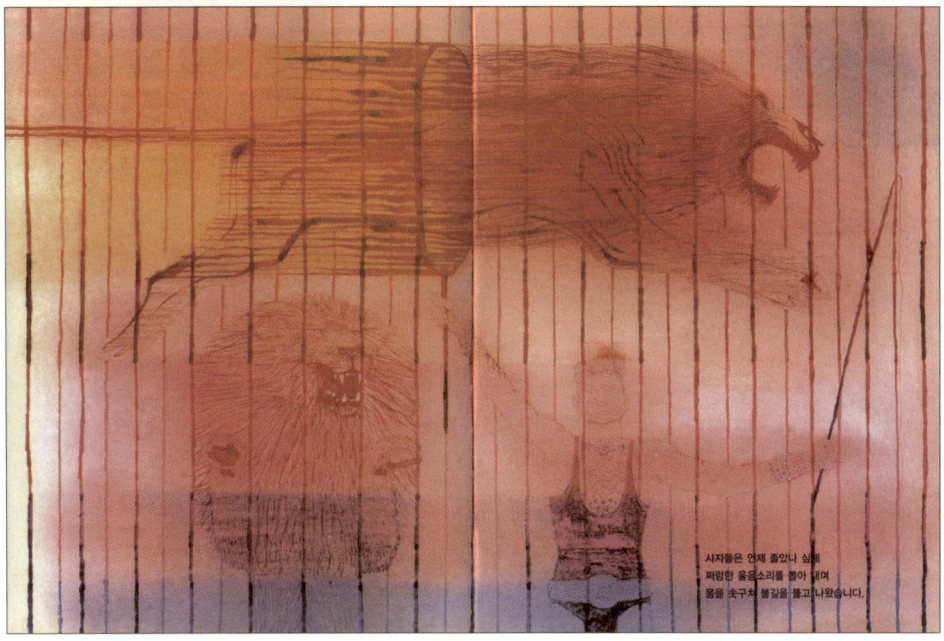

사자들은 언제 줄었나 싶게
처량한 울음소리를 뽑아 내며
몸을 솟구쳐 불길을 뚫고나왔습니다.

미 다 나와 있답니다. 그러나 주인공이 꿈과 환상의 세계에 들어갔다 나오면, 현실 세계는 예전의 그 세계와 같아 보여도 다른 의미를 지닌 세계로 엄청나게 변화되기 마련인지, 갈색 톤으로 표현된 그 사진들은 마지막 장면에서는 환한 분홍과 붉은색 톤으로 바뀌지요.

같은 경험을 해도 다른 결과를 빚어내는 두 아이를 그린 『빈터의 서커스 *Wasteg-round Circus*』에서도 찰스 키핑은 멋진 그림을 보여 주는군요. 시내 한복판에 낡은 주택과 공장 등이 헐리자 빈터가 생겼어요. 그곳에 잠시 서커스가 들어오자 두 아이는 어릿광대의 공연, 공중그네, 돈점박이 말들과 사자의 공연 등을 보게 됩니다. 적막한 회색의 빈터에서 갑자기 총천연색의 찬란한 경험을 하게 되다니, 이게 웬 횡재일까요? 그러나 곡예단 천막이 철수하자 다시 빈터는 텅 빈 쓸쓸한 놀이터로 돌아가지요. 그러나 그것은 한 아이에게만 그랬을 뿐, 스콧에게는 완전히 다른 세계를 여는 가능성을 보여 주는 곳으로 남게 되지요.

이 책에서 사자가 불길이 둥글게 타오르는 링을 뚫고 나오는 장면은 압권입니다. 사자의 갈기와 털과 불길이 같은 방향으로 세차게 날리고 있지요. 이 그림에서는 한 장면에 두 가지를 동시에 보여 줍니다. 불길이 타오르는 링을 뚫고 날기 전에 날카로운 이를 드러내며 잔뜩 준비를 하고 있는 사자가 왼쪽 아래 묘사되어 있군요. 또한 장면 전체에 수직으로 쭉쭉 내리그은 철망은 언뜻 보기엔 사자와 조련사를 관객과 분리시킨 철망인 것처럼 보입니다. 하지만 자세히 보면 사자의 코와 발, 조련사의 얼굴, 어깨 근육 등이 철망 밖으로 나와 있지요. 즉, 둘이 합심해서 노력하여 현실의 한계를 넘어 새로운 지평을 연다는 상징 아닐까요? 물론 이것은 쓰레기장 빈터에서 총천연색 풍경을 보고 기억에 새겨 새로운 앞날의 바탕으로 삼는 아이의 생각과도 연계되는 장면이지요.

『낙원섬에서 생긴 일 *Adam and Paradise Island*』은 찰스 키핑이 뇌종양으로 세상을 떠난 지 일 년 뒤인 1989년에 세상에 나온 책으로, 도시 개발 중인 런던의 풍경을 묘사하고 있어요. 샛강 한가운데 있는 낙원섬. 점방 거리라는 좁은 찻길을 따라 오래된 가게들 즉, 서점, 채소 가게, 정육점, 빵 가게, 생선 가게와 창고들이 있어요. 습지에는 마차 집과 짐 배에서 사는 노인들도 있고요. 나름 질서가 있는 그곳을 참아 내지 못하는 것은 시의원들이지요. 이후 벌어지는 일들은 우리나라에서도 많이 보았고, 지금도 보고 있는 광경입니다. 즉, 재개발을 계획하고, 오래된 가게들과 창고들을 강제로 사들이는 법안을 재빨리 통과시키고, 불도저로 밀어 버리고, 가게 주인들에게는 새 집을 주겠다고 약속하고… 그런 일들 말이에요. 한 가지 다른 점은 그나마 습지는 건물터로 마땅치 않아 담으로 막아 원래대로 두기로 했다는 점이에요.

어쨌든 다들 나름대로 얻을 것을 얻긴 했어요. 시의원들의 뜻대로 새 도로가 닦였고, 가게 주인들은 새로 생긴 대형 슈퍼마켓의 냉장코너에 일자리를 얻었고, 퇴근하면 근처의 공동주택으로 돌아갔지요. 그러나 자기 가게를 갖고 있을 때의 생기있는 표정과, 대형 슈퍼마켓에서 일할 때의 무덤덤한 표정은 극명하게 대비가 되는군요. 시의원들이 손톱만큼의 아량을 베풀어 모른 척한 덕에 아이들과 노인들은 철거지의 목재를 옮겨 습지에 놀이터를 만들었고요. 그래도 불평꾼은 있기 마련이라 시의원인 버니 블랙과 위니 화이트는 만족하지 않았지요.

찰스 키핑이 이 책에서 사용한 이름은 다 의미가 있답니다. 시의원들인 버니 Black과 위니 White는 흑, 백으로 나뉘어 싸우는 사람들이지요. 메이저 블랑코에서 블랑코(Blanco)는 '백색 도료'라는 뜻이니, 개발하여 칠한다는 뜻일 테고, 혼 클라우드 Berk는 '멍청이'라는 뜻, 어니 Blunt는 '무딘'이란 뜻도 있지만 속어로 '현금'이란 뜻도 있지요. 시장인 세실 Bland 경은 '개성 없는'이란 뜻이고, 시빌 Sillie은 '어리석은', 레이디 Primrose는 '앵초, 화려한'이란 뜻도 있지만 primrose path라 하여 '편하나 위험한 길'을 뜻하지요. 이런 이름들은 모두 개발 지상주의자들의 속내와 품성을 잘 드러내고 있어요. 또 '천상의 맛을 느껴 보세요.' 등의 광고판 들은 나름 씁쓸한 이중적 의미를 담고 있군요.

이밖에도 지하도에서 온갖 악기를 연주하고 노래 부르며 신 나고 흥겹게 살다가 미디어 스타가 되었지만, 행복과는 거리가 멀게 살다가, 결국 대중의 눈에 잊히자 다시 지하도로 돌아와 꼬맹이들과 동네 개들을 상대로 즐겁게 노래를 부르며 행복을 누리는 새미의 이야기를 담은 『길거리가수 새미 Sammy Streetsinger』 등, 찰스 키핑은 20여 권이 넘는 자기만의 그림책과, 다른 작가들의 책에 그린 삽화까지 더하면 200여 권이 넘는 책을 남겼지요.

그의 전기 작가인 더글라스 마틴은 이렇게 말합니다.

그림책의 관습적 전통 안에서 보인 그의 어마어마한 독창성은 그에게는 장점이자 약점이 되었습니다. 비할 바 없는 감정적 격렬함을 가지고 소통할 수 있었다는 것은 장점이나 이십 명 중 한 아이 정도와 소통이 가능했을 것입니다. 약점은 이 소수자들이 더욱 많이 받아들여지고 자기 책들이 더 오랫동안 시장에 남아 있게 하기 위해 그 자신이 할 수 있는 게 많지 않았다는 점입니다.[35]

가볍고 사근사근한 그림책들이 더 인기를 누릴 수 있다는 것을 알았겠지만, 자신의 어린 시절, 길거리를 내다보던 기억, 길거리에서 일하는 사람들에 대한 추억, 한창 변화하는 대도시 런던의 개발 과정까지 엄청난 깊이로 그림책이라는 기록에 남긴 그는 1988년 뇌종양으로 세상을 떠났어요. 존 버닝햄, 브라이언 와일드 스미스와 함께 20세기 영국의 3대 삽화가로 꼽힌다는 그의 석판화는 런던, 이탈리아, 오스트레일리아, 미국에서 전시된 바 있고 런던의 빅토리아 앤 알버트 박물관을 비롯한 많은 곳에 소장되어 있습니다.

우리를 둘러싼 세상과, 그것을 보는 아이들의 내면을 우리나라에서는 어느 작가들이 그리게 될까요?

Gerald Mcdermott

그대 안에 우주가 깃들어 있나니

제럴드 맥더멋

1941년 미국 미시건 주 디트로이트에서 태어났습니다. 4살 때 디트로이트 미술학교에서 그림을 배우기 시작했습니다. 신화학자 조셉 캠벨을 만난 이후 세계 각지의 설화를 애니메이션과 그림책으로 만들고 있습니다. 그의 작품은 단순한 글과 대담한 그림으로 신화의 힘을 일깨워 줍니다. 북서태평양 연안에 전해 오는 이야기를 바탕으로 한 『빛을 가져온 갈까마귀』는 칼데콧 영예상과 보스턴 글로브 혼 북 영예상을 받았습니다. 푸에블로 인디언의 민담인 『태양으로 날아간 화살』은 칼데콧 상을, 아프리카의 민담인 『거미 아난시』는 칼데콧 영예상을 받았습니다.

죽음이란 아이에게 어떤 의미일까요? 어려서 엄마가 죽어서 별이 되면 자기가 알아볼 수 있게 집 바로 위에 떠 있으라던 아이는 6학년이 되자 이렇게 물었습니다.

"사람이 죽으면 천국이나 지옥으로 가?"

"문화마다, 종교마다 달라. 예를 들면 전생과 내생을 믿는 사람들은 우리 몸은 껍데기에 불과하고, 죽음이란 영혼이 낡은 옷을 벗어 버리는 거라고 생각하지. 천국과 지옥은 기독교에서 하는 얘기고."

그러더니 며칠 후에는 또 이런 얘기를 합니다.

"엄마, 하늘나라 가서 엄마를 어떻게 알아봐?"

"그러니까 우리의 몸은 아무것도 아니라는 거야. 영혼이 중요한 거지. 만약 어느 엄마가 젊어서 죽고, 아이는 자라서 나중에 나중에 한 육칠십 살 되어서 죽었다고 생각해 보자. 하늘나라에서 그 젊은 엄마랑 나이든 아이랑 어떻게 알아보니? 영혼으로 서로 알아보지 않을까?"

"(갑자기 울음을 터뜨리며) 싫어, 난 영혼 싫어. 영혼은 서로 껴안을 수가 없잖아."

갑자기 할 말이 없어지더군요. 영혼은 몸이 없으니까 정말, 껴안을 수는 없겠지요. 아이가 좀 컸다고 이런 말을 하면 마음이 복잡해집니다. 그렇다고 제가 죽었다가 다시 살아나서 저 세상은 이렇더라 저렇더라 얘기해 줄 수 있는 형편도 아니고….

탄생–죽음–재생(부활)로 이어지는 흐름은 여러 문화권에서 적용되는 보편적인 구조지요. 동쪽에서 떠올라 서쪽으로 사라졌다, 아침이면 다시 동쪽에서 부활하는 태양은 영원한 숭배의 대상이고, 보름달에서 그믐달로 점차 이지러지다가 아예 보이지도 않는 이삼 일이 지난 후 초승달로 재생하는 달 또한 그렇습니다. 고래에게 잡아먹혔다가 살아 돌아온 성경의 요나 이야기가 대표적이고, 피노키오도 고래 뱃속에 들어갔다 나와 제페토 할아버지를 구하는 영웅적인 행동을 하고 난 뒤, 진짜 사람으로 바뀌지요.

아프리카 가나의 아샨티 문화에도 물고기한테 잡아먹혔다 구출되는 거미가 있군요. 제럴드 맥더멋은 『거미 아난시 Anansi, the Spider』에서 아난시라는 거미의 모험과 부활을 특이한 아프리카 문양으로 그려 냅니다. 산과 바다, 물고기, 거미줄, 매뿐 아니라 아들 거미가 지르는 소리까지 붉은색, 푸른색, 녹색, 검은색, 흰색 등의 밝고 대담한 색깔과 기하학적 문양으로 특이하게 표현하지요. 그중에서도 삼각형이 두드러지는군요. 맥더멋은 이에 대해 이렇게 설명합니다.

나는 늘 이야기를 태동시킨 문화에 대해 시각적 연구를 광범위하게 해요. 그 (문화) 예술의 디자인 논리를 이해하기 위해서이죠. 종이에 붓을 대려면 시일이 꽤 지나야 해요.(…) 그 다음에는 연구를 발전시켜서 내 캐릭터의 기본 형태를 만들어 내고 이 형태를 갖가지로 변형시켜요. 『거미 아난시』의 삼각형은 아샨티 문화의 민속 예술의 기본 형태입니다. 그래서 나는 마음에 드는 모양을 발견할 때까지 삼각형들을 계속 덧붙여 보았어요.³⁶

그렇게 연구를 거듭한 끝에, 거미의 눈썹은 파란 삼각형. 입술은 주황색 역삼각형, 몸체는 검은색 역삼각형, 긴 다리도 삼각형 모양으로 구부러져 있어요. 산, 파도, 물고기, 매 할 것 없이 다채로운 삼각형 문양으로 그려져 있지요. 기하학적인 문양도 특이하지만 발이 여덟 개나 되는 거미의 특이한 모양 때문에 그런지 아난시가 고개 넘고 산 넘는 장면을 보면 뭐랄까, 인도나 태국의 신들이 여러 개의 팔을 휘저으며 교묘한 자태로 춤추는 모습이 생각납니다. 자연과 합일하여 춤을 추는 듯 그려진 모험 과정이 인상적입니다. 또한 아들 '먹잇감 손질'이 물고기 배를 갈라 아빠를 구하는 장면을 보세요. 초록 물고기가 반쯤 저며져서 생선 가시가 하얗게 드러나고, 그 밑에서 아난시가 나옵니다. 죽음과 부

『거미 아난시』, 열린어린이, 2005

활의 이미지가 선명하게 드러나는 그림이죠?

 부활한 뒤라면 주인공은 새롭게 태어나야 맛인데, 여기서 아난시는 크게 변화했다는 느낌이 없습니다. 아니, 그 다음에 달 이야기가 나오니 재생한 아난시가 인간에게 달을 '벌어다 준' 공로는 인정해야겠군요. 이제 배경색은 확 바뀝니다. 이제까지의 사건이 일어난 낮은 꽃자주빛이었고, 앞으로 밤 이야기는 파란색 배경이랍니다. 집으로 돌아오는 길에 아난시는 숲 속에서 하얗게 빛나는 커다란 구슬을 발견하지요. 자기를 구해 준 아들에게 주고 싶지만, 여섯이나 되는 아들들 중에 누굴 줘야 할지 몰라 아난시는 세상 모든 것들의 신인 니아메에게 도움을 요청하고, 니아메는 그걸 모두가 볼 수 있게 하늘에 놓아둡니다. 그래서 오늘 밤에도 우린 그 달을 볼 수 있는 거랍니다. 여기서 니아메가 미켈란젤로의 「천지창조 Genesi」에 나오는 신과 비슷한 자세이면서도 비늘이 선명한 뱀으로 형상화되어 있는 건 아마 허물을 벗고 나오는 뱀이 재생과 불멸을 상징하기 때문이겠죠?

제럴드 맥더멋은 신화에 푹 빠져 있는 사람입니다. 강렬한 색채와 대담하고 추상적인 패턴으로 아프리카나 푸에블로 인디언, 태평양의 섬 지역이나 아마존 열대우림 지역의 신화를 담아내고 있지요. 그는 겨우 네 살 때 디트로이트 미술관에서 여는 수업에 참가해서 그림 맛을 알기 시작했지요. 그리고 카스텍 고등학교에서 비주얼 아트를 공부하고, 뉴욕 프랫 인스티튜트에서 국비 장학생으로 공부합니다. 그는 3학년 때 휴학을 하고 그때 막 개국한 뉴욕의 교육 텔레비전 방송 채널 13의 첫 그래픽 디자이너가 되지요. 또한 일본 목판화 스타일로 자신의 첫 만화영화인 「The Stonecutter 석공」을 만들었어요. (점점 더 큰 힘을 가지고 싶어 하는 석공이 왕자→태양→구름→산이 되는 내용으로 5분짜리 간단한 영상인데, 마지막 장면이 꽤 재미있어요.) 그 후 유럽여행을 하고 프랫에 돌아와 학위를 받았지요. 졸업할 때 교수가 영화 제작자이자 배급업자를 소개해 주었고 그가 「The Stonecutter」 판권을 삽니다. 그는 맥더멋에게 어떤 영화들을 만들고 싶은지 물었어요. 맥더멋은 이렇게 회상합니다.

신화에 대한 영화들. 난 22세였어요. 신화에 대해서 다 알고 있다고 생각했지요. 그가 말했어요. "그럼 내 사무실로 오도록 해요. 소개해 줄 사람이 있어요."

난 꽤 유명인사고, 일정도 바쁜데 내가 시간을 내서 누굴 만나야 하는지 의아했지요. 그 사람이 나한테 해줄 말이 있을까? 어쨌든 그렇게 해서 나는 이 제작자의 절친한 친구인 조셉 캠벨을 만났고, 우리는 그 후 12년도 넘게 대화를 나누었지요.[37]

『천의 얼굴을 가진 영웅 The Hero with a Thousand Face』『신화의 힘 The Power of Myth』

등의 저자 조셉 캠벨과의 만남은 맥더멋에게 새로운 지평을 열어 주었습니다. 신화에 대한 눈이 뜨인 겁니다. 신화의 심리학적 깊이를 알게 해 준 캠벨 덕분에 맥더멋은 그의 작품에 문화적, 원형적 상징들을 통합시키는 가능성에 몰두하게 되지요. 그는 조셉 캠벨과 함께 민속적 내용과 신화 이야기를 바탕으로 한 만화 영화들을 제작합니다. 그것이 바로 디달루스와 이카루스 이야기를 담은 「*Sunflight* 태양 여행」「*Anansi the Spider* 거미 아난시」「*The Magic Tree* 마법의 나무」입니다.

하지만 이후 그의 아이디어는 만화 영화보다는 그림책을 통해 구현됩니다. 위의 세 영화를 본 어린이책 편집자 조지 니콜슨이 그에게 이 영화들을 그림책으로 만들자고 제안했거든요. 그렇게 해서 나온 첫 책이 바로 『거미 아난시』였어요. 이 책은 1972년 칼데콧 영예 도서로 선정되었어요. 푸에블로 인디언들의 이야기를 담은 『태양으로 날아간 화살 *Arrow to the Sun*』은 1974년 칼데콧 메달을 받습니다.

인디언이라… 잠시 옆길로 빠지자면, 제가 어느 해였던가, 1월 1일에 인디언 보호 구역을 찾아간 적이 있습니다. 지도에 표시된 곳을 향해 차를 모는데 어느 순간 포장도로가 끝나는 곳이 있었죠. 흙먼지 날리는 그곳부터 보호 구역이 시작되더군요. 너무도 가난한 동네, 1960년대 영화에서나 나올 듯한 어마어마하게 몸집이 크고 찌그러진 자동차와 트럭 서너 대, 판잣집, 무덤덤하게 이쪽을 바라보고 있는 낡은 옷차림의 여자들. 문득 그런 곳을 '구경하러' 갔다는 게 죄스러워 우리 일행은 차마 들어가지도 못하고 차를 돌려 버렸습니다. 그때 참 아프게 느꼈습니다. 포장도로가 끝나는 곳, 그곳부터 보호 구역이 시작되는구나!

그러나 이들에게도 풍요로운 문화의 기억은 있을 터. 어느 부족이나 자기네가 태양신의 후손임을 자랑하고, 푸에블로 인디언들도 예외는 아닙니다. 우리 신화인 동명성왕 신화에서 유화부인도 태양빛을 받아 해처럼 둥근 알(주몽)을 낳고, 주몽이 주위의 질시와 압력에 못 이겨 새로운 땅을 향해 떠나자 아들 유리 또한 아버지의 어릴 적 설움을 그대로 겪다가 아버지를 향해 떠나지요. 아버지를 찾은 뒤, 유리는 진실로 아들임을 증명하기

『태양으로 날아간 화살』, 시공주니어, 1996

위한 시험 과정을 겪고 드디어 인정받는데, 바로 그 이야기를 맥더멋은 『태양으로 날아간 화살』에 고스란히 담아 놓았습니다.

  태양신은 대지에 생명의 불꽃을 쏘아 보냅니다. 검은색 하늘에 주황색 태양, 그리고 가운데 있는 태양신이 쏘아 보내는 불꽃을 보면 꽃무늬라고 해야 할지, 햇살로 찍은 도장이라고 해야 할지, 좀 더 생물학적으로는 씨방이라고 해야 할지, 아무튼 특이한 문양입니다. 오른쪽에 보이는 곳은 푸에블로 인디언의 거주지입니다. (이들은 애리조나 주와 뉴멕시코 주 등, 반 건조 지역에 살았기에 황토 벽돌-이 벽돌 '아도비'라고 합니다. 포토샵, 일러스트레이터를 만든 회사 아도비의 이름은 여기서 땄지요.-을 이용해 집을 지었거든요. 물론 거기 진흙을 이겨 외장을 해 주는 센스! 이곳은 공동 주택 단지로 거의 5층 높이에 이르고, 사다리를 통해 드나들었다는데 뉴멕시코 주에 가면 유적지가 남아 있습니다.)

  이 태양 무늬의 햇살은 푸에블로 족 처녀의 배를 봉긋하게 나오게 하고, 그 결과 남자 애가 태어나지요. 그러고 보면 이 세상에는 처녀 잉태의 설화가 참으로 많지요? 아무튼 이 아이는 다른 애들과 달리 검은색의 몸에 확실하게 태양신의 표적을 가슴에 박고 있지만, 애비 없는 자식은 어디서나 힘을 못 쓰고 놀림을 당하다가 결국은 아버지를 찾아 떠

날 운명인가 봅니다.

아도비로 만든 푸에블로 인디언의 거주지는 외적의 침입을 막기 위해 대개 절벽에 자리 잡았는데, 아비 없는 슬픈 자식인 이 소년은 절벽을 내려와 아버지를 찾아 세상을 떠돕니다. 소년은 인디언의 생활에서 중요한 일을 대표하는 사람들을 만납니다. 즉, 그들에게 중요한 식량인 옥수수 재배자, 각종 곡물을 담아 놓는 그릇을 만드는 옹기장이를 차례로 만나 아버지에게 어떻게 가야 할지 물어보지만, 그들은 아무 대답도 못해 줍니다. 마침내 소년은 현자인 화살 만드는 이를 만납니다. 들소를 잡아야 먹고 살고, 때로 다른 부족들과 싸우기도 해야 할 테니 사냥꾼도 전사도 중요한 일을 하는 사람들이죠. 그를 만나고 나서야 비로소 소년은 아예 온몸이 화살이 되어 아버지 태양을 향해 날아갑니다. 그야말로 아버지를 향한 그리움의 덩어리로 화했다고나 할까요? 검은 하늘에 반짝이는 다채로운 색상의 별들은 일정한 문양으로 수 놓여 있고, 아들 화살은 아버지 태양을 향해 일직선으로 노란 빛을 내뿜으며 날아갑니다.

하지만 아버지 태양은 아들에게 사자, 뱀, 벌, 번개가 들어 있는 키바들을 통과해 내는 의식을 치르게 합니다. 그곳은 제의와 사교를 목적으로 하는 지하방으로 직선을 강조한 기하학적 문양의 벽화들로 장식되어 있습니다. 소년이 가뿐하게 이 시련을 넘기는 과정은 글로 표현되지 않아 그림만 보고 해석해야 하는데, 매우 재미있습니다. 사자들은 고양이들로, 뱀 두 마리는 원형 팔찌 모양으로, 벌들은 달콤한 꿀로 바뀌고, 가장 힘이 들 법한 번개의 키바에서 소년은 번개를 맞으며 태양신의 힘으로 채워져 변신하는군요. 꽃자주 빛과 푸른색, 주황색, 연두색, 검은색으로 새롭게 변신한 소년은 이제 인간들에게 태양신의 영혼을 전하라는 명을 받고 다시 아버지의 활에서 쏘는 화살이 되어 진정한 부자 관계의 끈을 잇고 세상으로 돌아옵니다. 물론 사람들은 생명의 춤판을 열어 환영하고요.

왼쪽에는 둥근 태양, 그 아래 엄마의 그림자. 춤판에야 비로소 남자 넷, 여자 넷으로 제대로 짝이 맞는군요. 엄마 말고 처음으로 여자가 나오는 장면입니다. 신화에서 아버지 찾아 삼만 리는 참으로 많지만, 엄마 찾아 삼만 리는 보이지 않습니다. 엄마라는 존재는 늘 자기를 품어 주고, 모험을 끝내고 되돌아오면 반겨 주는, 붙박이 대지로서의 역할을 하기 때문이겠죠.

태양으로 날아간 화살이 다시 태양에서 쏘아진 화살이 되어 인간에게 환한 햇살을 선물하기도 하지만, 아즈텍 신화로 눈길을 돌리면 태양이 인간의 땅에서 색깔 악사들을 빼앗아간 악역을 담당하기도 합니다. 그리고 그 악역에 맞선 것은 다른 문화권에서는 대개 악역을 담당하는 밤의 왕이지요. 맥더멋은 아즈텍 신화에서는 신들의 우두머리이자 밤의 제왕이 태양신과 맞서 색깔과 음악을 되찾아온 이야기를 『태양의 악사들Musicians of the Sun』에서 화려한 색과 아즈텍 고유의 문양으로 담아냅니다.

표지에서 태양은 밝고 환한 붉은색 계열로, 악사들은 파랑, 빨강, 녹색, 노랑으로 표현되어 있습니다. 그러나 속지로 들어가면 푸르스름하고 검은색이 감도는 둥근 물체가 하나 보이지요. 그리고 부엉이가 날개를 펴고 있습니다. 밤하늘의 위쪽과 아래쪽에는 눈들이 보이는데 별을 뜻하지요. 그 둥근 물체는 얼핏 달인 것 같지만 다음 장을 넘겨보면 푸르스름하게 반짝이는 별들을 이끌고 오는 밤의 주인인 달이 들고 있는 마법의 거울이랍니다. 거울에 비친 땅 위의 세상은 온통 회색이라 아무 즐거움이 없었지요. 밤의 주인은 바람을 불러 태양에게 붙잡혀 있는 빨강, 노랑, 파랑, 초록 네 악사들을 구해 오라 명합니다. 터키석으로 만든 방패, 천둥을 부르는 검은 구름, 번쩍이는 은빛 번개를 하사받은 바람은 바닷가에서 만난 거북여인, 물고기여인, 악어여인의 도움을 받아 무사히 바다를 건너 태양과 전투를 벌이고, 네 악사를 구출해 와 세상은 아름다운 소리와 알록달록한 색깔로 가득해졌지요. 맥더멋은 이렇게 설명합니다.

이 책은 아즈텍 신들의 우두머리이자, 밤의 제왕인 테스카틀리포카에게서 영감을 얻었습니다. 그의 이름 테스카틀리포카는 '연기를 내는 거울'이란 뜻으로, 모든 사물을 볼 수 있는 흑요석 원반을 말합니다.

밤의 제왕은 어두운 하늘에서 '밤의 눈'들을 지니고 점점이 나타납니다. 밤의 눈은 별을 뜻하는 아스텍 왕국의 그림문자입니다. 또 부엉이를 데리고 오는데, 부엉이는 밤의 자연을 상징하는 것입니다.[38]

테스카틀리포카는 차는 달의 신격화, 케찰코아틀은 이지러지는 달의 신격화로 보기도 한다니, 인간 세상에 색깔과 음악을 가져다주는 것이 이지러지는 달이 아니라 풍요롭게 차오르는 달인 테스카틀리포카인 것은 당연하군요.

그러나 이집트 신화로 넘어가면 풍요의 신인 오시리스가 저승의 신이기도 하지요. 오시리스 신화는 꽤 복잡한데 맥더멋은 그것을 비교적 간결하게 다시 쓰고, 벽화를 연상시키는 멋진 그림을 그려 『다시 살아난 오시리스 The Voyage of Osiris』를 낸 뒤, 트릭스터 이야기로 시선을 돌렸지요.

트릭(trick)은 속임수나 사기를 뜻합니다. 트릭스터는 남을 속이는 신화 속 인물 유형을 말하는데, 이런 꾀주머니들은 사고를 치고 남을 귀찮게 하는 말썽꾸러기지만, 신에게서 해와 달을 훔쳐 사람들에게 갖다 주는 문화 영웅, 또는 모험가이기도 하지요. 그리스 로마 신화에서는 제우스에게서 불을 훔쳐 인류에게 갖다준 프로메테우스가 대표 주자라 하겠고, 거미 아난시 역시 모험 영웅인 아프리카 트릭스터의 대표 주자입니다. 맥더멋은 세계 각지의 트릭스터 이야기로 여러 책을 냈는데, 우선 1994년 칼데콧 영예상을 받은 『빛을 가져온 갈까마귀 Raven: A Trickster Tale from the Pacific Northwest』부터 살펴보지요.

이 책은 영문 표지 제목의 'R'자부터 까마귀처럼 생겼고, 번역본 또한 '갈'이 갈까마귀의 색깔과 눈동자까지 교묘하게 보여 주는군요. 온 세상에 어둠만 깔려 있을 때, 착하기도 해라, 갈까마귀는 그걸 보고 안타까워하며 빛을 찾아 나서겠다고 마음먹지요. 산 넘고 물 건너 멀리멀리 날아가 보니 저 멀리 물가에 빛이 보이는데, 바로 토템 기둥 다섯 개가 방어하고 있는 하늘나라 으뜸족장님의 집에서 나온 빛이었지요. 공주가 물을 마시려는 순간, 이 까마귀는 솔잎으로 변해 그 물에 떨어지고 공주는 그것을 마시게 되었답니다. 물론 공주는 여느 신화에서처럼 아기를 갖게 되고, 요 갈까마귀는 공주의 아들로 태어나

『빛을 가져온 갈까마귀』, 열린어린이, 2011

지요. 손주 사랑은 외할아버지라, 으뜸족장님은 아기가 예뻐 어쩔 줄 모르는데, 요 아기는 호시탐탐 어디에 빛의 원천이 있나 찾아보지요. 마침내 화려한 상자에 담겨 있는 구슬을 달라고 떼쓰는 아기. 바로 그 구슬은 태양이었고, 아기는 구슬을 받자마자 다시 갈까마귀로 변해 알을 갖고 날아가 산 넘고 물 건너 어둠의 땅으로 가서 하늘 높이 태양을 올려 놓습니다. 그때부터 사람들은 갈까마귀의 은공을 못 잊어 늘 먹이를 준대요.

이 책에서 작가는 이제까지 인물과 배경을 다 같이 패턴화한 그림 스타일에서 벗어나, 주인공 갈까마귀를 매우 강렬한 느낌이 드는 문양과 검은색, 녹색, 파란색, 빨간색으로 대담하게 표현했습니다. 하늘의 으뜸족장님, 그 딸, 호위병들은 중간색으로 부드럽게, 그리고 배경 그림들은 흐릿하게 그려서 인물과 배경이 뚜렷하게 대조되도록 했습니다. 참, 이 지역 인디언들의 주색은 빨강, 파랑, 녹색, 검정, 흰색이라고 합니다. 또한 우리의 천하대장군, 지하여장군 같은 토템 기둥들은 태평양 연안에 거주하는 인디언 문화에서 보이는 특이한 문양을 매우 잘 묘사하고 있는데, 그들의 표정은 세 번 바뀝니다. 처음에 까마귀가 공주가 물 뜨는 것을 지켜볼 때 토템 기둥들의 표정은 매우 긴장하며 경계하는 표정이고, 두 번째로 공주가 아기를 낳았을 때 '이거 참 큰일 났군, 위험이 닥칠 텐데 어쩌면 좋은가.' 하는 표정을 하고 있죠. 마지막으로 갈까마귀가 구슬을 물고 달아날 때 토템 기둥들은 단단히 화난 표정을 짓고 있습니다. 온화한 배경에 강렬한 인물색을 대비시킨 이 책은 칼데콧 영예상을 받았습니다.

해가 나오면 달도 나와야지요. 맥더멋은 장난꾸러기 앵무새 파파가요를 등장시켜 달의 주기 변화를 보여 줍니다. 달을 먹는 개의 이야기는 우리나라에도 있지요. 해를 삼켰다 너무 뜨거워 뱉고, 달을 삼켰다 너무 차가워 뱉는 행동을 통해 일식과 월식을 묘사한 그 이야기는 정승각이 그린 『까막나라에서 온 삽사리』에 화려하고 장중하게 묘사되어 있습니다. 달의 주기 변화는 토미 웅거러의 『달사람 Der Mondmann』에서 감옥에 갇힌 달사람이 달이 이지러지고 차오름에 따라 커졌다 작아졌다하는 것으로 묘사되는 데 비해 제럴드 맥더멋의 *Papagayo: The Mischief Maker*(말썽꾸러기 파파가요)에서는 폐허가 된 도시

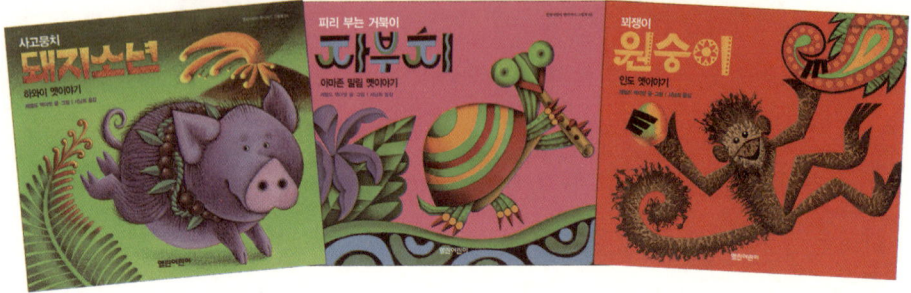

'열린어린이 옛이야기' 시리즈, 열린어린이

에 오랫동안 잠들어 있던 괴물 개가 깨어나 일주일에 걸쳐 달을 조금씩 갉아먹습니다.

열대 우림에서 밤 동물(야행성 동물)들은 낮에 자고 밤에 깨어나 설탕같이 하얗고 둥근 달을 바라보며 고요한 밤을 방해하는 게 두려워 나직나직하게 노래를 부르고 낮에는 잠을 잡니다. 하지만 이들의 잠은 수선스런 앵무새 파파가요 때문에 엉망이 되고 맙니다. 파파가요는 쉴 새 없이 꽥꽥 소리를 지르고, 원숭이에게서 과일 뺏기, 나비들 놀래키기, 갑옷 입은 아마릴로 등에 개암 던지기 등 도무지 거칠게 없습니다. 밤 동물들이 제발 조용히 좀 해 달라고 해도 아무 소용이 없지요.

그런데 무서운 달개가 나타나 달을 갉아먹기 시작하면서 밤 동물들은 극도의 공포에 시달립니다. 밤마다 달은 점점 홀쭉해졌죠. 마침내 가느다란 그믐달만 남게 되자 파파가요는 선봉장이 됩니다. 밤에는 졸리지만 그걸 꾹 참고 밤 동물들을 모아 일제히 달개를 향해 아우성을 치게 한 거죠. 온 정글이 꽥꽥 그르르 꺄라락대며 들썩거리는 소리에 마지막 한 입을 먹으려던 달개는 무서워서 달아나 다시 폐허 도시로 사라져 버립니다. 파파가요는 그래도 안심하지 않고 밤 동물들에게 주의 사항을 알려 주지요. "달개가 또 나타나면 어떻게 해야 하는지 알지?" 이렇게 영웅적인 행동을 한 앵무새 파파가요는 그 다음 날도 역시 아침이 되자 수선스럽게 깍까르르대지만 이젠 아무도 불평을 하지 않지요.

낮은 흰색, 밤은 경쾌한 파란색이 배경인데, 화려한 열대우림의 색깔은 오히려 파란 밤에 더욱 신비로워 보이는군요. 전체적으로 가볍고 발랄한 색채지만, 달개의 모습은 나름대로 매우 흉폭해 보입니다. 처음에는 오랫동안 못 먹어서 뼈만 남은 모습이지만, 달을 한 입씩 먹으면서 점차 몸집이 커져 마지막에는 매우 광폭해 보이지요? 제가 봐도 두려우니 어릿어릿한 밤 동물들은 기가 죽을 수밖에요.

미국 남서부의 트릭스터인 코요테도 맥더멋의 관심을 피해가지 못합니다. 『흉내쟁이 코요테 *Coyote*』에서는 주둥이를 쑥 내밀고 말썽만 일으키는 파란색 코요테가 등장하지요. 오소리 굴에 주둥이를 들이밀다 콱 물리고, 빨간 볏 딱따구리 흉내를 내다 머리에 활활 불붙고, 미끌미끌 뱀 찾아 나섰다 칭칭 감겨 골탕 먹는 코요테는 급기야는 하늘을 나는 까마귀떼를 보고 자기도 날고 싶다는 소원을 품죠. 무릇, 날개 없는 자의 소원은 날개 달고 나는 것이니까요.

대장 까마귀는 코요테를 놀려 먹느라고 깃털을 박아 주었어요. 다른 까마귀들도 그렇게 했지요. 코요테는 신이 나서 춤을 추다 까마귀들처럼 날아올라 보았지만 허우적거리기만 했어요. 까마귀들이 깃털을 쏙쏙 도로 뽑아 가는 바람에 코요테는 피유유우 땅으로 곤두박질쳐서 흙먼지에 구르는 바람에 지금의 잿빛 코요테가 된 거랍니다.

푸에블로 인디언의 한 부족인 주니 족의 민담에서 가져온 이 이야기에 맥더멋은 사막의 황토색 색깔을 배경으로 파란색과 검은색으로 코요테를 그리고, 남서부 인디언 특유의 기하학적 문양으로 뱀과 까마귀를 그렸어요. 작가의 말에 따르면 주니 족은 세상의 방위, 즉 동서남북을 상징하는 색깔을 정해 놓는데, 코요테는 방위로는 서쪽을, 색깔로는 파란색을 나타낸다 해요. 욕심꾸러기이며 호기심도 많고 남들을 흉내 내려 하는 코요테를 통해 맥더멋은 사람의 어리석은 품성을 경계하려 한 것일까요?

서아프리카의 트릭스터인 『꾀주머니 토끼 조모 Zomo the Rabbit』, 하와이의 트릭스터인 『사고뭉치 돼지소년 The Pigboy』, 아마존의 트릭스터인 『피리 부는 거북이 자부치 Jabuti the Tortoise』, 인도의 트릭스터인 『꾀쟁이 원숭이 Monkey』 역시 맥더멋이 책으로 탄생시킨 것입니다. 내용도 재미있지만 저마다 해당 지역 고유의 문양이 아름답게 들어간 책들이지요.

30여 년간 온갖 신화 속에서 떠돌던 맥더멋은 드디어 '창조신화'라는 정점에 이릅니다. 서양 문화의 두 기둥이 그리스 로마 신화와 성서이다 보니, 둘 중 하나의 창조 신화를 그림책으로 만든다면 간단했겠지만, 신화 연구자이자 그림책 작가인 그는 여러 다양한 신화를 아우르고 싶어 했습니다. 그래서 그는 거듭 자신에게 질문을 던졌지요. '대체 너란 인간은 태어나기 전에 어떤 모습이었나? 세상의 창조와 같은 것은 아니었나?' 그러한 내적 탐색을 하면서 그는 칠레의 산티아고에서 글을 처음 구상했고, 도쿄에서 그림 스케치를 하기 시작했습니다. 마침내 나온 것이 『하늘과 땅을 만든 이야기 Creation』이지요.

그림책을 펴자마자 새까만 속지가 나오는 건 매우 드문 일인데, 제럴드 맥더멋은 온통 검은 색에서 황금빛 'CREATION'이 도드라지며 떠오르게 했습니다. 그리고 둥근 형태가 모습을 보이고, 그건 차츰 성운처럼 감돌아 가지만 어떤 면에서는 태아의 모습으로 변해 가는 과정이기도 합니다. 어둠 속에서 하얗게 빛이 나오며 낮과 밤이 생기고, 하늘과 땅과 바다가 생겨납니다. 그리고 문득 녹색. 땅 위로 온갖 식물들이 자라지요. 하늘에 해, 달, 별이 생기며 그림은 순간 밝은 주황색으로 변합니다. 날짐승들과 바닷짐승들, 길짐승들 또한 생겨나고 남자와 여자가 생겨납니다. 그리고 그 모든 것들은 처음의 둥근 형태, 바로 '나'에게로 귀속됩니다. 즉, 내가 바로 전 우주이고 우주가 바로 나, 바로 내 안에 우주가 깃들어 있는 거지요. 그렇습니다. 이 그림책의 메시지를 한 문장으로 표현한

다면 바로 이것입니다. '그대 안에 우주가 깃들어 있나니.'

  뽕나무 껍질 종이의 우둘두둘한 표면의 그림은 처음에는 거의 무채색으로 시작하다 나중에는 화려강산으로 변하고 장중한 목소리의 시적인 글이 창조의 무게를 더해 줍니다. '작가의 말'에서 제럴드 맥더멋은 다음과 같이 말합니다.

> 이 이야기를 들려주는 목소리는 우주의 신비를 밝혀내고자 하는 우리 내부에서 싹튼 하나의 호흡이자 속삭임이며 불꽃입니다. 이 이야기는 유대교 성경의 창세기 1장 1절부터 2장 3절까지의 내용을 바탕으로 하고 있습니다. 또한 바빌로니아 제국 때부터 전해 내려오는 중동 지방의 창조에 관한 서사시와 13세기 때 프랑스에서 나온 성경과 14세기 때 스페인에서 만든 유대교의 법전인 하가다와 같은 다양한 자료를 참고로 하였습니다.[39]

  조셉 캠벨 재단의 초대 특별 회원이었던 그는 현재 캠벨이 북부 캘리포니아 빅 써에 세운 에잘린 연구소의 워크샵인 '신화적 도구 박스'를 맡고 있습니다. 그의 작업에 큰 도움을 준 캠벨이 세상을 떠나자 그는 캠벨이 사랑한 이야기 열두 편을 골라내, '조셉 캠벨이 좋아하는 신화들'이라는 다음 프로젝트를 기획하고 있다는군요. 신화의 샘은 마를 리 없으니, 그의 그림책은 이어질 테고, 우리의 즐거움도 이어지겠지요?

앤서니 브라운과의 색다른 인터뷰

영국의 그림책 작가인 앤서니 브라운이 우리나라에 왔다. 꽤 오래전, 『헨젤과 그레텔 Hansel and Gretel』을 현대적으로 해석한 그림책으로 내 눈길을 단번에 사로잡은 작가다. 『고릴라 Gorilla』 『동물원 Zoo』 『돼지책 Piggybook』 『미술관에 간 윌리 Willy's Pictures』 등으로 널리 알려진 그에 대한 인터뷰는 이미 인터넷에 넘치고 넘친다. 그것들을 잠깐 정리해 보자.

1. 영국 요크셔에서 태어난 앤서니 브라운은 어릴 때 술집에서 자랐는데 테이블 위에 올라가 자기가 지어낸 이야기를 읊조리는 아이였다. 체구가 작았지만 럭비와 축구를 매우 좋아했다.
2. 의학전문 삽화가로 일하며 익힌 극사실주의와 달리, 지오르지오 데 키리코, 르네 마그리트 등의 영향을 받은 초현실주의 기법을 그림에 썼다.
3. 『고릴라』와 『동물원』으로 케이트 그린어웨이 상을 받았다. 2000년에는 '작은 노벨상'이라 불리는 한스 크리스티안 안데르센 상을 받았다. 『고릴라』의 주인공인 고릴

라는 원래 그가 카드회사에서 일할 때 생일 카드에 그린 것이었는데, 나중에 그림책의 주인공으로 삼게 되었다.

4. 어렸을 때 그는 영화 「킹콩 King Kong」을 보고 엄청난 흥미를 느껴 그 후부터 고릴라 그림을 많이 그렸다. 특히 킹콩이 엠파이어 스테이트 빌딩에서 떨어지는 장면을 보면 아버지가 갑자기 자기 눈앞에서 쓰러졌던 장면이 스쳐 간다고 한다. (그가 17살 때, 럭비 팀에 뽑혔다는 반가운 소식을 듣고 집에 돌아왔는데, 아버지가 갑자기 심장마비를 일으켜 아들의 눈앞에서 세상을 떠나는 일이 벌어졌다.) 그의 생각에 고릴라는 그 자체도 매혹적이지만, 고릴라가 가진 뚜렷하게 대비되는 특성, 즉 어마어마하게 힘이 센 반면, 한편으로는 부드러운 성품이라는 점이 대단히 매혹적이라고 한다. 고릴라가 겉보기엔 매우 사나운 짐승 같지만 사실 그렇지 않다는 것이다. 아버지의 성품이 그와 비슷하다고 한다.

5. 고릴라처럼 수줍고 감성 어린 면이 있는 그의 아버지는 앤서니의 그림책에 처음에는 권위적으로 묘사되었다. 어떤 이는 그것이 아버지가 눈앞에서 갑자기 사망한 데 대한 그의 분노가 은연중에 투영된 것이라고 말하지만, 정작 앤서니 자신은 그런 게 아니라고, 잘 모르겠다고 말한다. 그러다가 어느 날 아버지의 잠옷을 발견한 이후, 다정했던 아버지와의 추억이 물밀듯이 밀려온다. 그 후 그린 『우리 아빠가 최고야 My Dad』에서의 아버지는 매우 다정다감하고 밝은 모습으로 바뀐다.

자, 정리된 것 빼고 좀 다른 질문을 하고 싶다. 열심히 목록을 만든다. 일반적인 질문도 넣자는 얘기에 몇 가지 더 끼워 넣는다. 2009년 4월 30일, 원화 전시회가 열리고 있는 예술의전당 한가람디자인미술관으로 간다. 기자들과 인터뷰하고 있는 앤서니 브라운이 보인다. 1947년생, 천진한 면이 보이는 작가. 전날 도착해 매우 피곤할 텐데, 미소를 지어 가며 열심히 답변하는 모습이 문득 안쓰럽다. 그다음에 우리와 인터뷰하게 되어 있다. 조금이라도 빨리 쉬게 하고 싶다. 겹칠 만한 질문을 다시 몇 개 뺀다. 그래도 남아 있지만, 이제 우리가 할 시간이다. 에라, 모르겠다. 인터뷰를 즐기자.

수줍은 표정으로 그가 다가온다. 그는 나를 몰라도 나는 그를 안다. (유명인사와 일반인의 차이!) 첫 인터뷰를 해 보는 나, 반갑게 인사한다. 전시장 앞의 고릴라 사진을 배경으로 우리도 사진 한 장 박고 인터뷰 시작!

일러스트레이터가 되겠다고 처음으로 마음먹은 때는 언제인가요?

꽤 오래전부터였지요. 처음부터 구체적으로 일러스트레이터가 되겠다고 마음먹지는 않았지만, 어느 정도 어떤 면에서는 예술가가 되겠다고 생각했었어요. 대학 졸업 후 의학 전문 일러스트레이터를 하고 카드 디자인과 광고 일을 하면서도 전 늘 다른 것을 하고 싶었지요. 1974년 무렵 어린이책을 만들면 어떨까 하는 생각도 했는데, 그 무렵 카드 디자인으로 관련 맺고 있던 회사 하나가 그림책을 해 보라고 격려해 주어, 첫 책인『거울 속으로 *Through the Magic Mirror*』를 내게 되었습니다. 그다음에 여러 책이 나오게 되었지요. 1979년인가 1980년에「헨젤과 그레텔」을 보면서, '아, 이거다. 어린이책을 해 봐야겠다.'고 생각한 적은 있어요. 하지만 어느 날 갑자기 결심을 한 것은 아닙니다.

의학 전문 일러스트레이터에서 그림책 작가로 변신하게 된 계기가 무엇입니까?

의학 전문 일러스트레이터로 3년간 일했어요. 처음 2년간, 그 일은 매우 매력적이었고 또 어려운 일이기도 했습니다. 그러나 시간이 어느 정도 지나니까 비슷비슷한 것들을 반복적으로 그리는 게 지루해지더군요. 그래서 어느 순간부터 그 진지한 그림에 이상하게 생긴 작은 사람들을 그려 넣기 시작했는데, 그때 '아, 이젠 이 일에서 떠날 때다.'라는 생각이 들더군요.

전시장의 고릴라 모형

아버지에게 책을 보여 드릴 기회가 생긴다면 어떤 책을 가장 보여 드리고 싶은가요?

『우리 아빠가 최고야』입니다. 가장 좋아하는 책은 아니지만 그래도 아버지와 가장 연관 있는 책이라 보여 드리고 싶군요.

그럼 선생님이 가장 좋아하는 책은 무엇이죠?

『고릴라』인 것 같군요. 일곱 번째 책인데 그 책을 통해 자신감을 얻게 되었고, '아, 그림책이란 이런 것이구나!' 하는 생각을 하게 되었으니까요. (『고릴라』로 1983년에 케이트 그린어웨이 상을 비롯해 여러 상을 받아 앤서니 브라운의 삶은 단번에 변화되었다. 하지만 그는 이 책으로 상을 받았다는 것이 기쁘기보다는, 이 책을 통해 추구한 극사실주의 기법과 초현실주의적인 내용이 독자에게 받아들여졌다는 것이 훨씬 힘이 되었다고 한다.)

인터뷰 중인 앤서니 브라운

선생님은 여러 화가들의 그림을 배경에 넣었습니다. 예를 들면 『돼지책』에는 루벤스의 초상화와 토마스 게인스버러의 「앤드류 부부Mr. and Mrs. Andrews」를 넣었지요. 『돼지책』의 엄마가 집을 나갔기에 그림에서 미세스 앤드류도 사라졌다고 저는 이해하고 있습니다. 왜냐하면 미세스 앤드류는 엄마를 반영하니까요. 하지만 선생님이 루벤스의 초상화를 쓰신 이유는 선뜻 짐작하기 힘들군요.

어디에 루벤스가 있지요? 오, 여기! 아, 잘못 아셨군요. 이것은 반다이크의 초상화입니다. 이 그림은 풍요롭고 건장하며 당당한 모습이라 주인공과 비슷하다고 생각했습니다.

(『돼지책』에서 그 그림들을 찾아내고 혼자 좋아했었다. 그러나 결과는 이랬다.)

그러니까 감독자의 모습을 보이는 『돼지책』의 아빠와 비슷하기 때문에 쓰신 거군요.

그렇지요.

『달라질 거야Changs』를 볼까요? 이 책은 홀로 남겨졌을 때의 공포심에 대한 아이의 심리 상태를 잘 표현했지요. 처음에 시계가 나오는데, 선생님도 시계를 쳐다보면서 부모님을 하염없이 기다린 경험이 있습니까?

처음 생각해 보는 일인데, 아버지는 매주 저를 작은 가게들로 데리고 가시곤 했어요. 그 당시에는 슈퍼마켓이 없고 작은 가게들만 있었지요. 그런데 때로 아버지는 나를 혼자 차에 두고 가셨어요. 나는 무척 불안했어요. 물론 차 안이 안전하다는 것도 알고, 아버지가 돌아올 것이라는 것도 알고 있었지만, 그래도 전 매주 불안했어요. 그 뒤, 아마 다른 곳에서 읽으셨겠지만 제가 열일곱 살 때 아버지가 돌아가셨지요. 돌아가시기 3년 전부터 심장마비 증세가 생겨서, 발병 이후 집에 늦게 오시거나 하면 어머니와 형은 계속 시계를 바라보며 걱정했지요. 하지만 그때 저는 전혀 걱정하지 않았어요. 그리고 그 시계는 제가 진짜 시계를 모델로 그린 게 아니라, 원래는 도자기 접시인 것을 제가 시계로 바꾼 것입니다.

제 아이가 고흐의 그림 「별이 빛나는 밤」을 보고 한 첫마디가 "어지러워. 토할 것 같아."였습니다. 명화라는 것을 전혀 모른 채로, 그림 그 자체에 대한 자신만의 첫 느낌을 묘사한 『미술관에 간 윌리』의 윌리처럼 말한 것이지요. 그렇다면 윌리가 (즉, 선생님이) 「비너스의 탄생Nascita di Venere」을 보고 '알몸뚱이(birthday suit)'라고 생각한 것은 선생님의 첫 느낌이었나요, 아니면 여러 번 궁리 끝에 만들어 내신 말인가요?

아, 그것은 한 번에 생각난 건 아니고 자꾸 궁리하다 보니 나온 표현입니다.

『너도 갖고 싶니?Look What I've Got!』의 뽐내기쟁이 제레미는 샘에게 자기가 가진 것을 끊임없이 뽐내지요. 선생님도 어렸을 때 뽐내기쟁이 친구 때문에 귀찮았던 적이 있습니까?

아마 그랬을 거예요. 제가 기억하는 것보다 훨씬 더 많이 그런 경험을 했겠죠. 그 책은 매우 오래전에 나왔는데, 사람들은 책을 보며 샘은 착한 애, 제레미는 나쁜 애, 이런 식으로 흑과 백을 나누겠지요. 그러나 요즘 들어 저는 제레미 또한 희생자였다는 생각이 듭니다. 그리고 어렸을 때 친구들은 다 자전거를 가지고 있었는데, 저는 없었지요. 돈이 없어서가 아니라, 부모님이 자전거는 위험하기 때문에 타면 안 된다고 생각하셨기 때문입니다.

다른 인터뷰에서 읽었는데, 선생님의 어머니는 걱정이 매우 많은 분이셨다고요?

그렇습니다. 우리 어머니는 굉장히 걱정을 많이 하셨어요. 아마 세상에서 가장 걱정을 많이 하는 분이었을 겁니다. 그때는 그냥, 걱정이 정말 많다고 생각했는데, 이제는 이해가 갑니다. 그리고 'worrying'이란 걱정한다는 말이지만, 어떤 사람에 대해 'caring(돌봄, 신경 씀)'한다는 뜻으로도 생각해 볼 수 있으니까요. (바로 그 걱정과 걱정쟁이 인형을 다룬 책이 『겁쟁이 빌리*Silly Billy*』이다. 그는 원래는 'Willy the Worrier(걱정쟁이 윌리)'라는 제목을 달고 싶었으나 최종적으로 '*Silly Billy*'로 정해졌고, 우리나라에서는 『겁쟁이 빌리』라는 제목으로 번역되었다.)

『꿈꾸는 윌리*Willy the Dreamer*』에서 하늘을 담은 바나나나 윌리 모양의 돌덩어리가 바다 위에 둥실 떠 있습니다. 르네 마그리트의 「피레네 산맥의 성*Le château des Pyrénées*」과 「귀환*Le retour*」에서 아이디어를 얻었다고 여겨지는데, 선생님은 마그리트 그림을 어떤 점에서 좋아하십니까? 저도 그의 작품을 매우 좋아하거든요.

르네 마그리트! 여기엔 슬픈 뒷이야기가 있지요. 저는 그의 작품들을 참으로 좋아했고, 많이 사용했습니다. 초현실주의나 꿈이란 제게도 가장 관심 가는 부분이니까요. 그래서 윌리가 안락의자에 앉아 있는 장면에서 뒷벽에 마그리트 그림을 그려 넣었는데, 저작권을 가진 쪽에서 그것이 저작권 침해라고 소송을 걸어서 출판된 책들을 다 회수해야 했고, 엄청난 금액을 물어야 했지요. 그 상황을 생각하면 끔찍합니다. 마치 제가 그의 작품을 훔쳤거나 베꼈다는 느낌이 들었어요. 마그리트 본인도 마네 그림이랄지 다른 사람들의 작품을 오마주한 게 많기 때문에 저는 마그리트가 그런 건 신경 안 쓸 거라고 생각했는데, 그렇게 되어 유감입니다. 결과적으로 현재 책이 두 가지 버전으로 나와 있습니다. 하나는 원래 버전인 배경에 마그리트 그림을 넣은 것이고, 두 번째는 저작권 문제가 걸리고 나서 그 그림 대신 반 고흐 그림을 넣은 것입니다. (화가들은 다른 화가들의 그림에서 구성을 빌려오는 경우가 많다. 르네 마그리트의 「마네의 발코니 Perspective II, Le Balcon de Mane」라는 작품은 마네의 「발코니 Le balcon」에서, 그것은 또 프란시스코의 「발코니의 마하들 Majas al balcón」이란 작품에서 구성을 빌려 왔다. 마네의 「풀밭 위의 점심식사 Le Déjeuner sur l'herbe」는 또 어떤가? 관련된 글을 읽어 보시라. http://marcion.tistory.com/256)

『우리는 친구 Little Beauty』에 나오는 고양이 예쁜이가 매우 귀엽습니다. 실제 모델이 있습니까?

아닙니다. 제게 고양이가 있긴 했지만, 녀석을 모델로 삼진 않았고, 따로 만들어낸 것입니다. 고릴라도 마찬가지지요. 실제 고릴라를 보고 그린 것은 아닙니다.

선생님의 책에서 고릴라, 바나나, 의자 등 하늘을 나는 것들은 날개 없는 것들입니다. 날개 없는 것들의 꿈은 당연히 하늘을 나는 것이지요. 그렇다면 날개 달린 것들의 꿈은 무엇이라고 생각하십니까? 그것에 대한 그림책을 만들고 싶은 생각이 있으신지요?

그거 좋은 생각이네요. 정말 좋은 생각이에요. (미소) 어렸을 때 전 악몽을 꾼 적이 있었는데, 그 꿈에서 늘 날고 있었어요. 그런데 수영을 하면서 날고 있었지요. 날개 있는 것들의 꿈이라…. 새들? 천사처럼 종교적인 것? 언젠가 그릴지도 모르겠군요.

제가 반짝이는 아이디어를 드린 거군요. (모두 웃음)

선생님은 초현실주의와 극사실주의를 써서 그림을 그렸습니다. 스타일을 바꿔 보고 싶은

월간 『열린어린이』를 들고 있는 앤서니 브라운

마음이 있으신지요?

　사실 저는 스타일을 바꾸며 하고 있습니다. 예를 들어 이번에 나온 『우리는 친구』의 경우, 사실주의적인 면도 들어가고 상당히 거칠게 그린 면도 들어 있지요. 알아차리셨는지는 모르겠지만, 저는 그런 식으로 시도를 합니다. 그리고 책을 만들면서 저는 특정 스타일을 추구하는 것은 아니며, 앞으로 어떤 스타일을 쓰게 될지는 계속 시도해 보면 알게 될 것 같습니다.

작가라서 가장 좋은 점은 무엇입니까?

　이렇게 한국에도 올 수 있는 것. 특별히 한국이 아니더라도 전 세계의 어린이들을 볼 수 있다는 게 좋은 점이지요. 새로운 책을 시작하는 즐거움도 크고, 책을 끝냈을 때의 즐거움도 큰데, 책을 끝내자마자 다시 보는 편은 아닙니다. 시기적으로 그 책과 너무 가깝기 때문이지요. 보면 이것저것 마음에 안 드는 게 많으니, 그때 보면 괴롭지만 나중에 몇 달이 지나고 보면 편안하게 볼 수 있습니다.

자, 이제부터는 간단하고 재미있는 질문을 해 볼까요? 어떤 날씨를 가장 싫어하시나요?
흐리고 부슬비 오는 날이요.

학교 다닐 때 좋아하던 과목과 싫어하던 과목은 무엇인가요?
예술, 영문학, 운동 관련 과목을 좋아했어요. 싫어하던 것은 목공예. 라틴어와 목공예 중에서 선택해야 했는데 둘 다 너무 싫어했지요.

자신에 대해 남들은 잘 모르는 것이 있다면 무엇인가요?
오, 맙소사. 웹사이트에도 나와 있지만, 전 다 커서 15살 때까지 반바지를 입었어요. 창피했습니다.

그건 제가 이미 아는 얘긴데요? (웃음)
(웃음) 오, 아는 겁니까? 그럼 뭐가 있을까…. 아, 저는 늘 4로 나누기를 좋아하지요. 예를 들어 여기 7명이 있지만, 한 명만 더 있으면 딱 떨어지겠구나, 하는 생각 같은 거요. 아마 우리 가족이 네 명인데, 거기서 비롯된 게 아닌가 싶어요.

다른 직업을 택한다면 어느 것으로 하고 싶으신지요?
없습니다. 다른 일을 고를 수 없을 정도로 이 직업이 너무 좋아요. 영화 만드는 것을 가끔 상상해 보긴 합니다. 그러나 그게 쉽지 않다는 것을 알아요. 자금도 모아야 하고, 사람들도 설득해야 하고. 그러니 혼자 만드는 영화 정도는 좋을 것 같군요.

정신적, 감정적, 창의적으로 기분이 즐거워질 때는 언제인가요?

재미있는 질문이군요. 관계지요. 사람들과의 관계가 좋을 때요.

어떤 경우에 기분이 가라앉지요?

(웃음) 관계들이 잘 안 되어 갈 때죠.

지쳐 있을 때면 어떻게 기운을 차리십니까?

산책, 음악, 운동을 하면 좋아집니다.

좋아하는 소리는 무엇인가요?

아침에 새들 지저귀는 소리, 바닷소리를 좋아해요.

싫어하는 소리는요?

왜 그런지는 모르겠지만, 오토바이 경주 소리를 싫어해요. 아, 또 우는 소리도 싫어해요. 사람들이 우는 소리요.

고릴라 말고 좋아하는 동물은요?

인간이요. (웃음)

가장 사랑하는 사람에게 자신의 물건을 주고 싶다면 어떤 것을 주시겠습니까?

오, 내 물건이라… 제 작품들을 주고 싶어요.

어린이책을 만들고자 하는 이들에게 조언을 한 말씀 해 주시지요.

조언이라는 것. 조언 자체라는 말이 좀 그런데, 사실 이건 내 경험이지, 다른 사람들에게 어떻게 적용될지는 모르겠어요. 그래도 가장 추천하고 싶은 것은 '그림완성놀이(Shape game)'입니다. 또 좋아하는 것과 관심 있는 분야를 계속 그려 보라고 하고 싶습니다. (그림완성놀이란 누가 먼저 종이에 아무 모양이나 그림을 그리면 다음 사람이 상상력을 발휘해 거기에 이어 그려서 그림을 완성시키는 놀이이다.)

감사합니다. 인터뷰가 즐거우셨기 바랍니다.

(웃음) 아주 즐거웠습니다. 매우 색달랐습니다. 질문들이 신선했어요.

평범한 이름 'Ann'을 거부하고 'e'를 덧붙여 'Anne'이라고 쓴 빨간머리 앤처럼, Anthony Brown 'with an e', 즉, 'Anthony Browne'은 『열린어린이』 독자들에게 자필 서명을 선사했다. 물론 그의 윌리도 살짝 곁들여서!

이상으로 앤서니 브라운과의 색다른 인터뷰 끝!

미주 목록

* 직접 인용의 경우 미주를 달아 표시했습니다. 그 외 참고자료는 〈작가별 도서와 참고 사이트〉에 정리했습니다.
* 인터넷 자료는 2013년 5월 기준으로 정리한 것입니다. 지금은 찾아볼 수 없는 주소들도 더러 있음을 미리 밝힙니다.

1 콩알을 튀길까, 팥알을 튀길까

1. http://www.achuka.co.uk/archive/interviews/babetteint.php
2. http://www.pilkey.com/adv-text.php
   대브 필키 홈페이지입니다.
3. James Preller, *The Big Book of Picture-Book Authors & Illustrators*, Scholastic, 2001, p. 64.
4. http://www.titch.net/front.htm (지금은 찾을 수 없음)
5. 3과 같은 책, p. 65.

2 현실을 넘어 환상의 세계로

6. 장기하와 얼굴들 1집,『별일 없이 산다』에서 「달이 차오른다, 가자」의 가사 일부를 인용했습니다.
7. http://www.drawger.com/zinasaunders/?article_id=4949
   일러스트레이터 지나 손더스의 블로그에 실린 글을 일부 인용했습니다.
8. 7과 동일
9. 『일러스트레이터는 무엇으로 사는가』, 스티븐 헬러 지음 윤홍열·이석연 공역, 디자인하우스, 2002, p. 228에 나온 그림을 기 빌루의 허락을 받고 실었습니다. (원제 Steven Heller, *Innovators of American Illustration*, 1986)
10. http://innertime.co.kr/entry/%EC%95%85%EC%96%B4-The-CrocodileBinette-Schroeder
    일러스트레이터 박영신의 글을 일부 인용했습니다.

11 http://www.neuwied.de/lars-der-kleine-eisbaer-und-sein.html (지금은 찾을 수 없음)
12 http://www.chrisvanallsburg.com/faq.html
   크리스 반 알스버그의 홈페이지에서 독자들이 자주 묻는 질문과 그에 대한 답을 볼 수 있습니다.
13 http://www.chrisvanallsburg.com/polarspeech.swf
   크리스 반 알스버그의 칼데콧 상 수상 소감입니다.
14 http://www.kidsreads.com/authors/au-van-allsburg-chris.asp (지금은 찾을 수 없음)
15 http://nccil.org/experience/artists/crewsfam/ajonas.htm
   미국의 국립어린이그림문학센터에 수록된 앤 조나스를 대한 글을 볼 수 있습니다.

3 나의 세상, 우리의 세상

16 http://www.goethe.de/kue/lit/thm/aug/en4274194.htm
17 16과 동일
18 『그림책의 모든 것』, 마틴 솔즈베리 · 모랙 스타일스 지음, 서남희 옮김, 시공사, 2012, p.123.
19 http://www.welt.de/print-welt/article153954/Die-meisten-Kinderbuecher-sind-misslungen.html
   독일의 한 일간지에 실린 볼프 에를로부흐 인터뷰 중 일부입니다.
20 19와 동일
21 16과 동일
22 http://www.finelittleday.com/?p=1157
   스웨덴의 디자이너 엘리자베스 덩커의 블로그에 실린, 베아트리체 알레마뉴와의 인터뷰 중 한 부분을 인용했습니다.
23 http://www.jm-arole.ch/Parole/1.07/b%E9atrice%20alemagna.pdf
   독서 진흥을 꾀하는 협회 JM Arole사이트에 실린 베아트리체 알레마냐 인터뷰입니다.
24 22와 동일
25 http://www.ricochet-jeunes.org/invites/invite/2-beatrice-alemagna
   프랑스권의 아동청소년문학 전문 사이트 ricochet-jeunes에 수록된 베아트리체 알레마냐 인터뷰 중 한 부분을 인용했습니다.
26 23과 동일
27 23과 동일
28 23과 동일.
29 『그림책의 모든 것』, 마틴 솔즈베리 · 모랙 스타일스 지음, 서남희 옮김, 시공사, 2012, p.67.
30 25와 동일

31 http://www.bookrags.com/biography/charles-keeping-aya/2.html
   찰스 키핑을 소개하는 글을 볼 수 있습니다.
32 31과 동일
33 『일러스트』 2003년 2월호에 실린 글 중에서 일부를 인용했습니다.
34 31과 동일
35 Douglas Martin, *Charles Keeping: an illustrator's life*, Julia MacRae Book, 1993.
   http://en.wikipedia.org/wiki/Charles_Keeping에서 재인용했습니다.
36 http://www.booklistonline.com/Books-and-Authors-Talking-with-Gerald-McDermott-Nancy-J-Johnson/pid=3993803 --
37 36과 동일
38 『태양의 악사들』, 봄봄, 2009, 작가 노트를 인용했습니다.
39 『하늘과 땅을 만든 이야기』, 봄봄, 2004, 작가의 말을 인용했습니다.

작가별 도서와 참고 사이트

1 콩알을 튀길까, 팥알을 튀길까

배빗 콜

『엄마가 알을 낳았대!』, 배빗 콜 글·그림, 고정아 옮김, 보림, 2000.
『멍멍 의사 선생님』, 배빗 콜 글·그림, 박찬순 옮김, 보림, 2000.
『따로 따로 행복하게』, 배빗 콜 글·그림, 고정아 옮김, 보림, 2000.
『신데 왕자』, 배빗 콜 글·그림, 김서정 옮김, 한국프뢰벨주식회사, 2003.
『내 멋대로 공주』, 배빗 콜 글·그림, 노은정 옮김, 비룡소, 2005.
『이상한 곳에 털이 났어요!』, 배빗 콜 글·그림, 최성희 옮김, 삼성당, 2008.
『우리 엄마는 못 말리는 마법사』, 배빗 콜 글·그림, 김수희 옮김, 어린이작가정신, 2008.
『우리 아빠는 우당탕탕 발명가』, 배빗 콜 글·그림, 김수희 옮김, 어린이작가정신, 2008.
『벌거벗은 꼬꼬닭의 비밀』, 배빗 콜 글·그림, 이경혜 옮김, 살림출판사, 2008.

http://www.babette-cole.com/about_babette_cole.html
http://www.storylines.org.nz/author_details.asp?author_id=288
http://biography.jrank.org/pages/989/Cole-Babette-1949.html
http://www.penguin.ca/nf/Author/AuthorPage/0,,1000002483,00.html
http://www.achuka.co.uk/archive/interviews/babetteint.php
http://christchurchcitylibraries.com/Literature/People/C/ColeBabette/

대브 필키

『아기공룡의 메리 크리스마스』, 데브 필키 글·그림, 임정재 옮김, 사파리, 2001.
『아기공룡의 뒤죽박죽 하루』, 데브 필키 글, 그림, 임정재 옮김, 사파리, 2002.
『신문 배달 소년』데이브 필키 글, 그림, 최윤정 옮김, 킨더랜드, 2005.

『입 냄새 나는 개』 대브 필키 글, 그림, 임영라 옮김, 푸른길, 2006.

www.pilkey.com
http://clubs-kids.scholastic.co.uk/clubs_content/1492
http://www.youtube.com/watch?v=R-_FHRK_QwQ

팻 허친즈

『티치』, 팻 허친즈 글·그림, 박현철 옮김, 시공주니어, 1997.
『바람이 불었어』, 팻 허친즈 글·그림, 박현철 옮김, 시공주니어, 1997.
『사냥꾼 하나』, 팻 허친즈 글·그림, 홍연미 옮김, 시공주니어, 1999.
『점점 작게 점점 크게』, 팻 허친즈 글·그림, 서남희 옮김, 국민서관, 2005.
『엄마, 놀다 올게요!』, 팻 허친즈 글·그림, 서남희 옮김, 국민서관, 2005.
『자꾸자꾸 초인종이 울리네』, 팻 허친즈 글·그림, 신형건 옮김, 보물창고, 2006.
『자꾸자꾸 모양이 달라지네』, 팻 허친즈 글·그림, 신형건 옮김, 보물창고, 2006.
『로지의 산책』 퍼트리샤 허친스 글·그림, 오정환 옮김, 더큰theknn, 2007.
『달가닥 콩! 덜거덕 쿵!』, 팻 허친즈 글·그림, 서남희 옮김, 국민서관, 2007.
『자꾸자꾸 시계가 많아지네』, 팻 허친즈 글·그림, 신형건 옮김, 보물창고, 2007.
『우리 소풍간다!』, 팻 허친즈 글·그림, 고정아 옮김, 웅진다책, 2008.
『생일 축하해, 샘!』, 팻 허친즈 글·그림, 신형건 옮김, 보물창고, 2009.

Don't Forget the Bacon, Pat Hutchins, Mulberry, 1976.
Good-Night, Owl!, Pat Hutchins, Aladdin Paperbacks, 1998.

http://www.yourlibrary.ws/childrens_webpage/e-author62000.htm

2 현실을 넘어 환상의 세계로

기 빌루

『꿈꾸는 소년의 짧고도 긴 여행』, 기 빌루 글·그림, 이명희 옮김, 마루벌, 2007.
『바다가 보고 싶었던 개구리』, 기 빌루 글·그림, 이상희 옮김, 열린어린이, 2008.

http://www.nytimes.com/2007/11/11/books/review/Handy-t.html?_r=2&ref=authors&oref=slogin&oref=slogin
http://www.drawger.com/zinasaunders/?article_id=4949
http://www.muza-chan.net/japan/index.php/blog/160-years-since-katsushika-hokusai-death
http://www.theatlantic.com/guy-billout/
http://www.youtube.com/watch?v=olowT4wr864
http://vimeo.com/8421415
http://www.lib.latrobe.edu.au/ojs/index.php/tlg/article/view/262/259

비네테 슈뢰더

『악어야, 악어야』, 페터 니클 글, 비네테 슈뢰더 그림, 허은미 옮김, 비룡소, 1997.
『플로리안과 트랙터 막스』, 비네테 슈뢰더 글·그림, 엄혜숙 옮김, 시공주니어, 1999.
『라우라와 험프티 덤프티』 비네테 슈뢰더 글·그림, 황주연 역, 아가월드, 2001.
『개구리 왕자』, 그림형제 글, 비네테 슈뢰더 그림, 김경미 옮김, 시공주니어, 2002.
『보름달의 전설』, 미하엘 엔데 글, 비네테 슈뢰더 그림, 김경연 옮김, 보림, 2005.
『루핀헨』, 비네테 슈뢰더 그림, 손현지 옮김, 한국슈바이처, 2006.
『라타타탐: 어느 꼬마기관차의 아주 특별한 이야기』, 페터 니클 글, 비네테 슈뢰더 그림, 손현지 옮김, 한국슈바이처, 2006.
『껑다리 기사와 땅딸보 기사』, 비네테 슈뢰더 글 그림, 조국현 옮김, 봄봄출판사, 2009.

http://innertime.co.kr/entry/%EC%95%85%EC%96%B4-The-CrocodileBinette-Schroeder
http://www.citrouille.net/iblog/B116873654/C982033429/E316981503/index.html
http://en.wikipedia.org/wiki/Johannes_Itten
http://www.ijb.de/files/pdf/PDF_Vita_Schroeder.pdf
http://www.neuwied.de/lars-der-kleine-eisbaer-und-sein.html

크리스 반 알스버그

『리버벤드 마을의 이상한 하루』, 크리스 반 알스버그 글·그림, 김영하 옮김, 문학동네어린이, 2001.
『벤의 꿈』, 크리스 반 알스버그 글·그림, 김영하 옮김, 문학동네어린이, 2001.
『압둘 가사지의 정원』, 크리스 반 알스버그 글·그림, 이상희 옮김, 베틀북, 2002.
『북극으로 가는 기차』, 크리스 반 알스버그 글·그림, 신지식 옮김, 한국프뢰벨, 2003.

『세상에서 가장 맛있는 무화과』, 크리스 반 알스버그 글·그림, 이지유 옮김, 미래M&B, 2003.
『주만지』, 크리스 반 알스버그 글·그림, 조은수 옮김, 베틀북, 2003.
『자수라』, 크리스 반 알스버그 글·그림, 조은수 옮김, 베틀북, 2003.
『나그네의 선물』, 크리스 반 알스버그 글·그림, 김경연 옮김, 풀빛, 2003.
『장난꾸러기 개미 두 마리』, 크리스 반 알스버그 글·그림, 이지유 옮김, 국민서관, 2004.
『빗자루의 보은』, 크리스 반 알스버그 글·그림, 서애경 옮김, 달리, 2005.
『하늘을 나는 배, 제퍼』 크리스 반 알스버그 글·그림, 김서정 옮김, 웅진주니어, 2006.
『프로버디티!』, 크리스 반 알스버그 글·그림, 홍연미 옮김, 달리, 2008.
『해리스 버딕의 미스터리』, 크리스 반 알스버그 글·그림, 김서정 옮김, 문학과지성사, 2009.
『이건 꿈일 뿐이야』, 크리스 반 알스버그 글·그림, 천미나 옮김, 책과콩나무, 2012

http://www.chrisvanallsburg.com/home.html
http://www.readingrockets.org/books/interviews/vanallsburg/
http://blog.aladin.co.kr/common/popup/printPopup/print_Paper.aspx?PaperId=543036
http://www.kidsreads.com/authors/au-van-allsburg-chris.asp
http://www.amazon.com/exec/obidos/tg/detail/-/0395673461/qid=1112353573/sr=2-2/103-3840433-3679000?v=glance&s=books
http://www.hani.co.kr/arti/society/society_general/27931.html

앤 조나스

『조각이불 *The Quilt*』, 앤 조나스 글·그림, 나희덕 옮김, 비룡소, 2001.
『기묘한 왕복 여행 *Round Trip*』, 앤 조나스 글·그림, 이지현 옮김, 아이세움, 2003.
『아슬아슬한 여행 *The Trek*』, 앤 조나스 글·그림, 이상희 옮김, 비룡소, 2004.
『바로 또 거꾸로 *Reflections*』, 앤 조나스 글·그림, 이상희 옮김, 비룡소, 2005.

Color Dance, Ann Jonas, Greenwillow Books, 1989.

http://nccil.org/experience/artists/crewsfam/ajonas.htm
http://www.harpercollinschildrens.com/books/Round-Trip-Ann-Jonas/?isbn13=9780688099862&tctid=100
http://www.npl.org/pages/programsexhibits/exhibits/crews.html

http://www.amazon.com/Color-Dance-Ann-Jonas/dp/0688059902
http://www.youtube.com/watch?v=Bkcy5ANUGYM

3 나의 세상, 우리의 세상

볼프 에를부르흐

『아빠가 되고 싶어요』, 볼프 에를부르흐 글·그림, 사계절, 2001.
『누가 내 머리에 똥 쌌어?』, 베르너 홀츠바르트 글, 볼프 에를부르흐 그림, 사계절, 2002.
『괴테의 숫자가 마법에 걸렸어요』, 요한 볼프강 폰 괴테 글, 볼프 에를부르흐 그림, 채운정 옮김, 산하, 2002.
『아기 곰의 하늘나라』, 돌프 베론 지음, 볼프 에를부르흐 그림, 홍윤경 옮김, 행복한 아이들, 2003.
『날아라, 꼬마 지빠귀야』, 볼프 에를부르흐 지음, 웅진주니어, 2006.
『청어 열 마리』, 볼프 에를부르흐 글·그림, 임정은 옮김, 우리교육, 2006.
『못생긴 다섯 친구』, 볼프 에를부르흐 글·그림, 김경연 옮김, 웅진주니어, 2006.
『개가 무서워요!』, 볼프 에를부르흐 글·그림, 박종대 옮김, 사계절, 2007.
『내가 함께 있을게』, 볼프 에를부르흐 글·그림, 김경연 옮김, 웅진주니어, 2007.
『오늘 아침 올렉은 곰을 잡았다네』, 바르트 무야르트 글, 볼프 에를부르흐 그림, 김경연 옮김, 웅진주니어, 2007.

http://www.literaturfestival.com/bios1_3_6_1688.html
http://www.goethe.de/kue/lit/thm/aug/en4274194.htm
http://www.docstoc.com/docs/13860304/Mahy-%E2%80%93-Erlbruch
http://www.welt.de/print-welt/article153954/Die_meisten_Kinderbuecher_sind_miss lungen.html
http://www.youtube.com/watch?v=2H4l1Qwy68A
http://vimeo.com/29470094

베아트리체 알레마냐

『유리 소녀』, 베아트리체 알레마냐 글·그림, 윤정임 옮김, 베틀북, 2004.
『어린이』, 베아트리체 알레마냐 글·그림, 곽노경 옮김, 한솔수북, 2008.

『파리에 간 사자』, 베아트리체 알레마냐 글·그림, 이정주 옮김, 웅진다책, 2009.
『난 원숭이다』, 베아트리체 알레마냐 글·그림, 김미선 옮김, 베틀북, 2010.
『너는 내 사랑이야』, 베아트리체 알레마냐 글·그림, 이정주 옮김, 별똥별, 2011.

Portraits, Beatrice Alemagna, Seuil jeunesse/ CIELJ, 2003.
Omega et l'ourse, Guillaume Gueraud and Beatrice Alemagna, Editions du Panama, 2008.
http://www.beatricealemagna.com/books/omega-et-lourse/
http://www.finelittleday.com/?p=1157
http://www.amazon.fr/mangeur-mots-Thierry-Dedieu/dp/2020289814
http://www.amazon.com/Boy-Who-Words-Thierry-Dedieu/dp/0810912457/ref=ntt_at_ep_dpi_1
http://www.jm-arole.ch/Parole/1.07/b%E9atrice%20alemagna.pdf
http://www.ricochet-jeunes.org/invites/invite/2-beatrice-alemagna
http://lecturejeunesse83.wordpress.com/2009/09/03/omega-et-lourse-de-guillaume-gueraud-beatrice-alamagna/
http://www.youtube.com/watch?v=RnDiecJOypM

찰스 키핑

『창 너머』, 찰스 키핑 글·그림, 박정선 옮김, 시공주니어, 2000.
『조지프의 마당』, 찰스 키핑 글·그림, 서애경 옮김, 사계절, 2005.
『빈터의 서커스』, 찰스 키핑 글·그림, 서애경 옮김, 사계절, 2005.
『길거리 가수 새미』, 찰스 키핑 글·그림, 서애경 옮김, 사계절, 2005.
『윌리의 소방차』, 찰스 키핑 글·그림, 유혜자 옮김, 은나팔, 2008.
『낙원섬에서 생긴 일』, 찰스 키핑 글·그림, 서애경 옮김, 사계절, 2008.
『찰리, 샬럿, 금빛 카나리아』, 찰스 키핑 글·그림, 서애경 옮김, 사계절, 2010.

http://www.bookrags.com/biography/charles-keeping-aya/1.html
http://picturebook-museum.com/ book/book_view_01.php?b_code=1857&bl_code=5&code=5&idx=42&list_ mode= title&mode=ch&order=b_code
http://www.theweeweb.co.uk/public/author_profile.php?id=639
http://en.wikipedia.org/wiki/Charles_Keeping

제럴드 맥더멋

『태양으로 날아간 화살』, 제럴드 맥더멋 글·그림, 김명숙 옮김, 시공주니어, 1996.
『하늘과 땅을 만든 이야기』, 제럴드 맥더멋 글·그림, 김세희 옮김, 봄봄, 2004.
『거미 아난시』, 제럴드 맥더멋 글·그림, 윤인웅 옮김, 열린어린이, 2005.
『태양의 악사들』, 제럴드 맥더멋 글·그림, 김현좌 옮김, 봄봄, 2009.
『다시 살아난 오시리스』, 제럴드 맥더멋 글·그림, 서애경 옮김, 현북스, 2011.
『빛을 가져온 갈까마귀』, 제럴드 맥더멋 글·그림, 서남희 옮김, 열린어린이, 2011.
『흉내쟁이 코요테』, 제럴드 맥더멋 글·그림, 서남희 옮김, 열린어린이, 2011.
『꾀주머니 토끼 조모』, 제럴드 맥더멋 글·그림, 서남희 옮김, 열린어린이, 2011.
『사고뭉치 돼지소년』, 제럴드 맥더멋 글·그림, 서남희 옮김, 열린어린이, 2012.
『피리 부는 거북이 자부치』, 제럴드 맥더멋 글·그림, 서남희 옮김, 열린어린이, 2012.
『꾀쟁이 원숭이』, 제럴드 맥더멋 글·그림, 서남희 옮김, 열린어린이, 2012.

Papagayo: The Mischief Maker, Gerald McDermott, Harcourt, Inc., 1992.

http://www.geraldmcdermott.com/
http://www.childrenslit.com/childrenslit/mai_mcdermott_gerald.html
http://nccil.org/experience/artists/mcdermottg/index.htm
http://www.happybirthdayauthor.com/2012/01/happy-birthday-gerald-mcdermott-january.html
http://en.wikipedia.org/wiki/Gerald_McDermott
http://www.archive.org/details/afana_stonecutter
http://www.archive.org/details/sun_flight

더불어 아래의 그림책 이론서를 참고했습니다.

『그림책의 모든 것』, 마틴 솔즈베리·모랙 스타일스 지음, 서남희 옮김, 시공사, 2012.
『일러스트레이터는 무엇으로 사는가』, 스티븐 헬러 지음, 윤홍열·이석연 공역, 디자인하우스, 2002.
The Big Book of Picture-Book Authors & Illustrators, James Preller, Scholastic, 2001.

서남희

서강대에서 역사와 영문학을, 대학원에서 서양사를, UCLA Extension에서 영어 교수법을 공부했습니다. 월간 『열린어린이』에 그림책 작가에 대한 글을 쓰고 있습니다. 지은 책으로 『별 드는 마루에서 만난 그림책과 작가 이야기』『아이와 함께 만드는 꼬마 영어그림책』『신들이 만든 영단어책』이 있고 '아기 물고기 하양이' 시리즈와 『그림책의 모든 것』『스캔들 미술사』 등을 우리말로 옮겼습니다.

열린어린이 책 마을 07

그림책과 작가 이야기 2
서남희 지음

처음 찍은날 2013년 6월 7일
처음 펴낸날 2013년 6월 21일
펴낸이 김덕균 | 펴낸곳 열린어린이
만든이 윤나래, 편은정 | 꾸민이 허민정 | 관리 권문혁, 김미연
출판등록 제10-2296호 | 주소 서울시 마포구 동교로 221 2층
전화 02)326-1285 | 전송 02)325-9941 | 전자우편 book@openkid.co.kr

글 ⓒ 서남희, 2013

ISBN 978-89-90396-96-9 03810
값 15,000원

이 책은 저작권법에 따라 보호받는 저작물이므로 무단 전재와 복제를 금합니다.
이 책 내용의 전부 또는 일부를 재사용하려면 반드시 열린어린이의 서면 동의를 받아야 합니다.